Contraste insuffisant
NF Z 43-120-14

Texte détérioré — reliure défectueuse
NF Z 43-120-11

CITOLÉGIE RATIONNELLE.

MÉTHODE DE LECTURE

RÉDIGÉE D'APRÈS UN PLAN ENTIÈREMENT NOUVEAU,

CONFORME AUX IDÉES DES PÉDAGOGUES FRANÇAIS ET ALLEMANDS LES PLUS CÉLÈBRES,

*et combinée avec un grand nombre d'exercices de langage, de composition,
de décomposition et d'orthographe, destinés à rendre l'enseignement
de la Lecture plus intéressant et plus fructueux,*

PAR

TH. HATT,

INSTITUTEUR PUBLIC,

Directeur de l'école primaire supérieure de Munster (Haut-Rhin), Lauréat et Membre correspondant
de la Société d'éducation de Lyon,

*L'enfant est un être intelligent, ne le
traitons jamais en perroquet.*

TABLEAUX.

BISCHWILLER,
CHEZ FRÉDÉRIC POSTH, LIBRAIRE-ÉDITEUR,
RUE DES MERCIERS, 34.

OUVRAGES DE M. TH. HATT.

CITOLÉGIE RATIONNELLE.

Elle se compose de :

34 Tableaux grand format	4f 75
Lettres mobiles (collection de 180 lettres sur deux feuilles grand raisin)	0 40
Manuel du Maître, format in-8° jésus. (Les tableaux du manuel sont la reproduction exacte des tableaux proprement dits avec explication, devant servir aussi de guide aux mères de famille)	1 75
Prix de la méthode complète	6 90

(Pour recevoir l'ouvrage complet *franco*, envoyer un mandat de poste de 8 francs à l'éditeur.)

De la meilleure manière de faire une classe, sous le double point de vue de l'instruction et de l'éducation. (Couronné par la société d'éducation de Lyon.)

Petit cours de grammaire française, 3° édition.
    Manuel du Maître.
    Manuel de l'élève.

Petit cours d'exercices de langage et d'intelligence, basé sur les procédés intuitifs.

L'École populaire telle qu'elle devrait être.

EN PRÉPARATION :

Premier livre de Lecture, faisant suite aux tableaux.

L'art d'élever et d'instruire, études de pédagogie appliquée résumant les doctrines des meilleurs pédagogues français et allemands.

BISCHWILLER. — IMPRIMERIE DE FR. PORTE.

OUVRAGES DE M. TH. HATT.

CITOLÉGIE RATIONNELLE.

Elle se compose de :

34 Tableaux grand format	4f 75
Lettres mobiles (collection de 180 lettres sur deux feuilles grand raisin)	0 40
Manuel du Maître, format in-8° jésus. (Les tableaux du manuel sont la reproduction exacte des tableaux proprement dits avec explication, devant servir aussi de guide aux mères de famille).	1 75
Prix de la méthode complète	6 90

(Pour recevoir l'ouvrage complet *franco*, envoyer un mandat de poste de 8 francs à l'éditeur.)

De la meilleure manière de faire une classe, sous le double point de vue de l'instruction et de l'éducation. (Couronné par la société d'éducation de Lyon.)

Petit cours de grammaire française; 5e édition.
 Manuel du Maître.
 Manuel de l'élève.

Petit cours d'exercices de langage et d'intelligence, basé sur les procédés intuitifs.

L'École populaire telle qu'elle devrait être.

EN PRÉPARATION :

Premier livre de Lecture, faisant suite aux tableaux.

L'art d'élever et d'instruire, études de pédagogie appliquée résumant les doctrines des meilleurs pédagogues français et allemands.

BISCHWILLER, IMPRIMERIE DE FR. POSTH.

CITOLÉGIE RATIONNELLE.

MÉTHODE DE LECTURE

RÉDIGÉE D'APRÈS UN PLAN ENTIÈREMENT NOUV

CONFORME AUX IDÉES DES PÉDAGOGUES FRANÇAIS ET ALLEMANDS LES PLUS CÉLÈBRES,

et combinée avec un grand nombre d'exercices de langage, de composition, de décomposition et d'orthographe, destinés à rendre l'enseignement de la Lecture plus intéressant et plus fructueux,

PAR

TH. HATT,

INSTITUTEUR PUBLIC,

Directeur de l'école primaire supérieure de Munster (Haut-Rhin), Lauréat et Membre correspondant de la Société d'éducation de Lyon.

L'enfant est un être intelligent, ne le traitons jamais en perroquet.

TABLEAUX.

618/84

1324

BISCHWILLER,
CHEZ FRÉDÉRIC POSTH, LIBRAIRE-ÉDITEUR,
RUE DES MERCIERS, 24.

1864.

ABCDEEÉÈÊF

GHXJKLMNO

PQRSTUVIW

YZAaaaàbbc

ccddeeeé

éèêffgghh

iiiklllptm

nnnoooôpm

qrrrssstm

uùûvvxÿz

CITOLÉGIE RATIONNELLE.

1ᵉʳ TABLEAU.

Voyelles simples monogrammes.

Observation : *Voyez le Manuel du Maître.*

M. *Nommez des mots qui finissent en* **a.**

    Dites quelque chose sur chacun de ces mots :

E. Soldat. Plat. Cabas. Chat. Rat. Bras. Bas. Sopha. Canevas. Cadenas. Cervelas. Echalas. Matelas. Compas. Nicolas. Coutelas. Pas. Taffetas. Verglas. Galetas. Gras. Plâtras. Repas. Avocat. Bât. Forçat. Grabat. Muscat. Sabbat. Verrat.

M. *Lisez après moi :*

a   a   a   a

M. Montrez **a** et nommez-le. — Cherchez des **a** dans les lettres mobiles. — E. Voilà **a,** voilà encore un **a.**

M. Comptez les **a** que voici. — E. Un **a,** deux **a,** trois **a,** quatre **a.** Il y a là quatre **a.**

M. Montrez des **a** sur ce tableau. (Prenez un tableau quelconque de lecture mécanique.) — E. Voilà **a ,** voilà encore **a.**

M. *Nommez des mots qui finissent en* **é.**

    Dites quelque chose sur chacun de ces mots :

E. Canapé. Café. Lavé. Tombé. Prier. Dîner. Escalier. Encrier. Tablier. Sablier. Mûrier. Pommier. Fraisier. Thé. Carré. Ecolier. Charpentier. Menuisier Jardinier. Sucré. Cassé. Nettoyé. Pelé. Tromper. Saluer. Aimer. Donner. Soulier. Plancher. Eté.

M. *Lisez après moi :*

é   é   é   é

M. Montrez **é** et nommez-le. — Cherchez des **é** dans les lettres mobiles. Comptez les **é** que voici. — Montrez des **é** sur ce tableau.

(Prenez un tableau quelconque.) — Mêmes exercices que pour la lettre **a.**

M. *Nommez des mots qui finissent en* **i.**

    Dites quelque chose sur chacun de ces mots :

E. Souris. Brebis. Tamis. Tapis. Epi. Radis. Etui. Lit. Canari. Mari. Marie. Julie. Bruit. Gris. Mie. Pli Cri. Fruit. Scie. Poli. Lie. Nuit. Midi. Logis. Paradis. Paris. Fusil. Habit. Lis. Louis. Joli. Favori. Outil. Prix. Puits. Riz. Souci. Vernis. Puni. Appetit. Petit. Nid. Châlit.

M. *Lisez après moi :*

i   i   i   i

M. Montrez **i** et nommez-le. — Cherchez des **i** dans les lettres mobiles. — Comptez les **i** que voici. — Montrez des **i** sur ce tableau. (Prenez un tableau quelconque.) Mêmes exercices que ci-dessus.

Se vend chez Fr. Posth, libraire
à Bischwiller (Bas-Rhin).

BISCHWILLER, IMPR. F. POSTH.

Par Th. Hatt,
Directeur de l'école supérieure à Münster (Haut-Rhin).

CITOLÉGIE RATIONNELLE.

2ᵉ TABLEAU.

Voyelles simples monogrammes.

OBSERVATION : *Voyez le Manuel du Maître.*

M. *Nommez des mots qui finissent en* **O.**

> *Dites quelque chose sur chacun de ces mots :*

E. Cacao. Coco. Echo. Indigo. Zéro. Abricot. Billot. Canot. Chariot. Chicot. Coquelicot. Escargot. Fagot. Gigot. Goulot. Grelot. Haricot. Linot. Matelot. Mulot. Paletot. Pavot. Rabot. Sabot. Turbot. Domino. Numéro. Falot. Galop.

M. *Lisez après moi :*

O   O   O   O

M. Montrez **O** et nommez-le. — Cherchez des **O** dans les lettres mobiles. — Montrez des **O** dans le tableau que voici. (Prenez un tableau de lecture mécanique.) — Nommez-les en les montrant.

M. *Nommez des mots qui finissent en* **U.**

> *Dites quelque chose sur chacun de ces mots :*

E. Charrue. Cornue. Grue. Laitue. Massue. Morue. Revue. Recrue. Rue. Sangsue. Statue. Tortue. Verrue. Vue. Jésus. Jus. Pus. Talus. Salut. Fétu. Ecu. Pointu. Tordu. Retenue. Avenu. Fichu. Rompu. Vendu. Rendu. Battu. Revenu. Cru.

M. *Lisez après moi :*

U   U   U   U

M. Montrez **U** et nommez-le. — Cherchez des **U** dans les lettres mobiles. — Montrez des **U** dans le tableau que voici. — Nommez-les en les montrant.

RÉCAPITULATION.

M. *Nommez les lettres suivantes à mesure que je les montrerai :*

o é a u i o u a

é i a o u é i o a é

u i o é a u o i é a o

M. Montrez-moi toutes ces lettres, l'une après l'autre, en les nommant, dans le tableau que voici. (Tableau de lecture mécanique.)

M. Combien d'**a** dans la première ligne? — Combien d'**é**? — Combien d'**i**?.... — Combien dans la seconde ligne, etc., etc.

Se vend chez FR. POSTH, LIBRAIRE   BISCHWILLER, IMPR. F. POSTH.   *Par* V. HATT,
à Bischwiller (Bas-Rhin).   *Directeur de l'école supérieure à Münster (Haut-Rhin).*

CITOLÉGIE RATIONNELLE.

3ᵉ TABLEAU.

Voyelles simples monogrammes.

Observation : *Voyez le Manuel du Maître.*

M. *Voici des accents :*

Le premier est un accent aigu : ⟋ — Le second est un accent grave : ⟍ — Le troisième est un accent circonflexe : ⋀.

Montrez ces accents et nommez les :

M. *Lisez après moi :*

é è ê e i î u û o ô a à â a e ê i û à o é u â e

è î ô ⟋ e ⋀ u ⟍ i a o e é u è ê

M. Sur quelles lettres voyez-vous l'accent aigu? — E. L'accent aigu est placé sur é. — M. Et l'accent grave? — E. L'accent grave se trouve sur è et sur à. — M. Et l'accent circonflexe? — E. L'accent circonflexe est placé sur ê, î, ô, û, â.

M. Montrez dans ce tableau (de lecture mécanique) toutes les lettres qui ont un accent et toutes celles qui n'en ont pas.

M. Quand il y a un accent sur une lettre, se prononce-t-elle comme s'il n'y en avait pas? — Non, Monsieur, elle se prononce autrement.

M. A quoi servent donc les accents sur les lettres? — E. Les accents sur les lettres servent à les faire prononcer autrement.

M. Nommez toutes les lettres que vous connaissez déjà? — E. Nous connaissons a, à, â, e, é, è, ê, i, î, o, ô, u, û.

M. Ces lettres sont des *voyelles.* — Répétez. — Nommez des voyelles. — E. a est une voyelle; é est une voyelle; o est une voyelle; i est une voyelle; u est une voyelle, etc.

M. Dans les tableaux suivants, vous apprendrez à connaître beaucoup de lettres encore, mais celles-là ont été appelées *consonnes.* — Montrez dans ce tableau (de lecture mécanique) les voyelles et les consonnes, en suivant ligne par ligne. — E. Voici une voyelle; voici une consonne; etc., etc.

M. Montrez dans les lettres mobiles deux consonnes; deux voyelles; trois consonnes; trois voyelles; une consonne et une voyelle, etc., etc. — E. Voici deux consonnes; deux voyelles; trois consonnes; trois voyelles, etc., etc.

M. Montrez une voyelle avec accent; une voyelle sans accent. — Quelle espèce d'accent sur chacune de ces lettres.

M. Montrez le côté gauche du tableau de lecture. — Montrez le côté droit du tableau. — L'accent aigu se dirige vers le côté gauche du tableau; l'accent grave se dirige vers le côté droit; l'accent circonflexe est composé d'un accent aigu et d'un accent grave réunis.

Se vend chez Fr. Pooth, libraire à Bischwiller (Bas-Rhin).

BISCHWILLER, IMPR. FR. POOTH.

Par Th. Hatt, Directeur de l'école supérieure de Munster (Haut-Rhin).

CITOLÉGIE RATIONNELLE.

4ᵉ TABLEAU.

Consonnes simples monogrammes.

Observation : *Voyez le Manuel du Maître.*

M. *Nommez des mots qui finissent en*

1° ab âb èb êb ib ob ôb ub ûb

2° ap âp èp êp ip op up

Dites quelque chose sur chacun de ces mots :

E. Syllabe. Arabe. Crabe. Carabe. Nappe. Grappe. Pape. Râpe. Trappe. Tape. Frappe. Scribe. Pipe. Tulipe. Philippe. Grippe. Tripe. Robe. Globe. Lobe. Garde-robe. Enveloppe. Varlope. Télescope. Héliotrope. Eusèbe. Guêpe. Cep. Crêpe. Cube. Tube. Jujube. Huppe. Jupe. Occupe.

M. *Lisez après moi :* (d'abord dans le sens horizontal, puis dans le sens vertical, puis à reculons, puis enfin sans observer aucun ordre)

ab âb èb êb ib ob ôb ub ûb

ap âp èp êp ip op up

M. *Nommez des mots qui commencent par*

1° ba be bé bè bê bi bo bu

2° pa pe pé pè pê pi po pô pu

Dites quelque chose sur chacun de ces mots :

E. Babeurre. Badine. Balance. Balai. Bécasse. Bélier. Belette. Béquille. Bête. Bèche. Bette. Betterave. Besace. Besicle. Biberon. Bible. Bidon. Bijou. Binet. Bobèche. Bobine. Bocal. Bûche. Bûcher. Bûcheron. Buffet. Bureau. — Page. Palissade. Papa. Papier. Paquet. Papillon. Papillote. Pater. Pâté. Patte. Pelote. Pelure. Peler. Pêche. Pêcher. Pédale. Pêne. Pepin. Peser. Pétrir. Pie. Pigeon. Piton. Pipe. Pioche. Piquer. Piton. Pot. Poche. Poêle. Potager. Potier. Puce. Punaise. Punir. Pupitre.

M. *Lisez après moi :* (1° Sens horizontal ; 2° sens vertical ; 5° à reculons ; 4° sans suivre aucun ordre)

ba bé bè bê be bi bo bu

pa pé pè pê pe pi po pô pu

M. La lettre que voici **b** s'appelle *bé*. Montrez des *b*, en les nommant (tableau de lecture mécanique).

M. Cette autre lettre **p** s'appelle *pé*. Montrez des *p*, en les nommant (tableau de lecture mécanique).

LETTRES MOBILES.

EXERCICES DE COMPOSITION ET DE DÉCOMPOSITION.

M. *Écrivez :*

ab pé ob be pi ip bê pa up bi pe ôp po bu ub

bé pu êp èb ba bo pê

M. Décomposez les syllabes qui sont là devant vos yeux. Faites comme moi : *ab*, c'est d'abord *a*, puis *b* ; — *pé*, c'est d'abord *p*, puis *é* ; etc.

EXERCICE DE MÉMOIRE.

M. Comment écrivez-vous *ba?* E. D'abord *b*, puis *a*. — M. Comment écrivez-vous *op?* E. D'abord *o*, puis *p*. — (Prenez successivement toutes les syllabes qui précèdent.)

Se vend chez Fr. Posth, libraire
à *Bischwiller* (Bas-Rhin).

BISCHWILLER, IMPR. FR. POSTH.

Par Th. Hatt,
Directeur de l'école supérieure de Munster (Haut-Rhin).

CITOLÉGIE RATIONNELLE.

5ᵉ TABLEAU.
Récapitulation des éléments connus.

OBSERVATION : *Voyez le Manuel du Maître.*

1ᵉ LECTURE MÉCANIQUE.

i e a é u è o ê 〵 〵 〵

î â ô û é i e a o è u

bi ap pê ob i bé â èp bu bê

papa pipe bobo bébé bibe papi

baba babi béa béo pè bio ab boa

bobi pî buba bube bui pâ pépi

pia pié pio poé popu pope be pupi

(Lisez d'abord dans l'ordre horizontal, puis à reculons, puis enfin sans suivre aucun ordre.)

LETTRES MOBILES.
EXERCICES DE COMPOSITION ET DE DÉCOMPOSITION.

M. Écrivez *bi*.—E. C'est d'abord *b*, puis ensuite *i*, cela fait *bi*.—M. Écrivez *ap*.—E. C'est d'abord *a*, puis ensuite *p*, cela fait *ap*; Etc.

EXERCICE DE MÉMOIRE.

Même matière que ci-dessus. — M. Comment écrivez-vous *bi?* — E. D'abord *b*, puis *i*, cela fait *bi*. Etc., etc.

CONNUES ET INCONNUES.

Observation : Cet exercice a pour but de graver dans la mémoire de l'enfant la forme de la lettre et de la faire distinguer nettement, par comparaison, des autres lettres. — Toute lettre connue est nommée à haute voix, à mesure qu'elle se rencontre; les autres sont passées en silence.

o s r i p q m b n u x v ê f h â e î j k p c

é d r z i m s è c d û a b l g ô p t x b h

Se vend chez FR. POSTH, LIBRAIRE à Bischwiller (Bas-Rhin).   BISCHWILLER, IMPR. F. POSTH.   Par TH. HATT, Directeur de l'école supérieure de Munster (Haut-Rhin).

CITOLÉGIE RATIONNELLE.

6ᵉ TABLEAU.

Consonnes simples monogrammes.

OBSERVATION : Voyez le Manuel du Maître.

M. *Nommez des mots qui finissent en*

1° ad âd èd id od ud

2° at àt èt êt it ot ôt ut ût

Dites quelque chose sur chacun de ces mots :

E. Camarade. Malade. Marmelade. Muscade. Pallisade. Pintade. Salade. — Remède. Bipède. Quadrupède. Tiède. — Bride. Chrysalide. Humide. Invalide. Limpide. Liquide. Pyramide. Ride. Vide. — Commode. Hérode. Mode. Méthode. Incommode. — Sud. Rude. Etude. Habitude. Multitude. Exactitude. — Baratte. Batte. Chatte. Cravate. Ecarlate. Jatte. Natte. Ouate. Patte. Savate. Pâte. — Allumette. Alouette. Assiette. Baguette. Bavette. Belette. Brouette. Bûchette. Charrette. Chaussette. Epaulette. Fauvette. Fourchette. Galette. Girouette. Jacquette. Pincette. Serpette. Serviette. Violette. — Conduite. Favorite. Fuite. Guérite. Ermite. Mite. Petite. Truite. Visite. Botte. Capote. Carotte. Chènevotte. Compote. Côte. Culotte. Crotte. Echalotte. Gibelotte. Hotte. Hôte. Linotte. Marmotte. Motte. Note. Papillote. Redingote. Pelote. — Flûte. Chute. Culbute. Dispute. Hutte. Lutte. Minute. Butte.

M. *Lisez après moi :*

ad èd id od ud

at èt êt it ot ôt ut ût

M. *Nommez des mots qui commencent par*

da dé de dè di do dô du

ta té te tè tê ti to tô tu tû

Dites quelque chose sur chacun de ces mots :

E. Dada. Dahlia. Dame. Damas. Dalle. Damier. Date. Datte. Daniel. — Dé. Débit. Décamètre. Décalitre. Décembre. Déchirer. Décilitre. Décimètre. Décime. Dégel. Dégoût. Déjeuner. Délire. Dénicher. — Demi. Debout. Devant. Demeure. Dedans. Dessus. Deviner. Devoir. Deux. Deuxième. Deuil. Devanture. — Dette. Derrière. Descendre. Dessert. Dessiner. — Diable. Diamant. Dièse. Diète. Difficile. Diligence. Dimanche. Dîner. Dinette. Division. Dizaine. Docile. — Dodo. Dogue. Domestique. Domino. Dos. Doreur. Dôme. Domicile. — Duo. Duel. Duper. Dure. Durillon. Duvet.

Tabac. Table. Tableau. Tablier. Talon. Tapage. Tapis. Tarière. Tas. — Té. Télégraphe. Tenaille. Tenir. Tenon. Terre. Terrine. Tête. Tesson. Thé. Théière. Théophile. Théodore. — Tiède. Tige. Tigre. Timide. Timon. Tique. Tirer. Tiroir. Tisane. Tison. Tisser. Tisserand. — Tôle. Tomate. Tonne. Tonneau. Tonnelle. Tonnelier. Tonnerre. Topinambour. Toquer. Toron. — Tu. Tuer. Tube. Tubercule. Tuile. Tulipe. Tulle. Tumeur. Tumulte. Tunnel. Tuyau.

M. *Lisez après moi :*

da dé de dè di do dô du

ta té te tè tê ti to tô tu tû

M. La lettre que voici **d** s'appelle *dé*. Montrez des **d,** en les nommant (tableau de lecture mécanique).

M. Cette autre lettre **t** s'appelle *té*. Montrez des **t,** en les nommant (tableau de lecture mécanique).

LETTRES MOBILES.

EXERCICES DE COMPOSITION ET DE DÉCOMPOSITION.

M. *Ecrivez :*

ad tu èd te ta od di ti dè tè at ut da

ût id tê té èt dé ot ôt do to tô ut de du tû ât

M. *Décomposez ces syllabes.* — E. *ad*, c'est d'abord *a*, puis *d*. — *tu*, c'est d'abord *t*, puis *u*.

EXERCICE DE MÉMOIRE.

M. Comment écrivez-vous *ad?* — E. D'abord *a*, puis *d ; c'est ad*. — Comment écrivez-vous *tu?* — E. C'est d'abord *t*, puis *u*. Etc., etc.

Se vend CHEZ Fr. POSTH, LIBRAIRE à Bischwiller (Bas-Rhin).

BISCHWILLER, IMPR. F. POSTH.

Par Th. HATT, Directeur de . . . . supérieure de Munster (Haut-Rhin).

CITOLÉGIE RATIONNELLE.

7ᵉ TABLEAU.
Consonnes simples monogrammes.

Observation : Voyez le Manuel du Maître.

M. *Nommez des mots qui finissent en*

am èm êm im om ôm um

Dites quelque chose sur chacun de ces mots :

E. Dame. Femme. Gamme. Lame. Rame. Ame. Flamme. — Béthléem. Jérusalem. Baptême. Cinquième. Crème. Problème. Aime. — Cime. Décime. Lime. — Homme. Gomme. Pomme. Somme. Chaume. Paume. Fantôme. Rome. Jérome. Psaume. — Brume. Bitume. Ecume. Enclume. Légume. Plume. Rhume. Allume.

M. *Lisez après moi :*

am èm êm im om ôm um

M. *Nommez des mots qui commencent par*

ma mé me mè mi mo mô mu mû

Dites quelque chose sur chacun de ces mots :

E. Macaron. Mâcher. Maçon. Madame. Magasin. Maïs. Majuscule. Malade. Maman. Manivelle. Matin. Mâtin. Matou. Mât. — Me. Mécanique. Méchant. Mèche. Médaille. Médecin. Mélasse. Mêler. Melon. Mener. Menotte. Menuisier. Mer. Mère Mesurer. Métal. — Miauler. Miche. Midi. Mie. Miel. Miette. Milieu. Mineur. Minuit. Minute. Miroir. Misère. Mitaine. — Mobile. Modèle. Modeste. Modiste. Moelle. Molaire. Mollet. Moment. Moniteur. Monnaie. Moquer. Mot. — Muer. Muet. Mufle. Muguet. Mulet. Mule. Mûre. Museau. Musique.

M. *Lisez après moi :*

ma mé me mè mi mo mô mu mû

M. Cette lettre **m** s'appelle *emme*. — Répétez. — Montrez des **m** (tableau de lecture mécanique).

M. *Nommez des mots qui finissent en*

an ân èn ên in on ôn un ûn

Dites quelque chose sur chacun de ces mots :

E. Ane. Cabane. Canne. Cane. Paysanne. Platane. Soutane. Tisane. Vanne. Crâne. — Amen. Eden. Antenne. Ebène. Etrennes. Hélène. Hyène. Alène. Chêne. Faine. Veine. Renne. Frène. Chaîne. Reine. Laine. Plaine. — Balsamine. Bobine. Bottine. Capucine. Carabine. Caroline. Chevrotine. Cuisine. Echine. Eglantine. Epine. Etamine. Farine. Fouine. Galantine. Hermine. Machine. Mine. Mousseline. Narine. Platine. Poitrine. Racine. Résine. Sardine. Voisine. Zibeline. — Automne. Bonne. Colonne. Cône Consonne. Couronne. Lionne. Personne. Tonne. Aumône. Aune. Jaune. Rhône. Saône. — Une. Fortune. Lune. Prune. Brune. Tribune. Rancune.

M. *Lisez après moi :*

an ân èn ên in on ôn un ûn

M. *Nommez des mots qui commencent par*

na né nè ni no nu

Dites quelque chose sur chacun de ces mots :

E. Nacelle. Nacre. Nager. Nageoire. Nappe. Napoléon. Narine. Naseau. Nasiller. Nasse. Natte. Navet. Navette. Navire. — Nécessaire. Nèfle. Néflier. Négligent. Négociant. Nègre. Neige. Nénufar. Nez. — Niche. Nichée. Nid. Nièce. Nier. Nitre. Niveau. Nielle. Nicodème. — Noce. Noël. Notaire. Note. Notre. Nos. — Nu. Nuage. Nuit. Numéro. Nuque. Nuisible. Numération.

M. *Lisez après moi :*

na né nè ni no nu

M. Cette lettre **n** s'appelle *enne*. — Répétez. — Montrez des **n** (tableau de lecture mécanique).

LETTRES MOBILES. — EXERCICES DE COMPOSITION ET DE DÉCOMPOSITION.

M. *Ecrivez :* **am nu me èn om ni na ma im an ên mi né èm mo né êm mu in um mé on no mé ôm un no ôm**

M. *Décomposez ces syllabes.*

EXERCICE DE MÉMOIRE.

M. Comment écrivez-vous *am?* — E. D'abord *a*, puis *m*. — M. Comment écrivez-vous *nu?* — E. D'abord *n*, puis *u*. Etc., etc.

Se vend chez Fr. Postu, libraire à Bischwiller (Bas-Rhin).

BISCHWILLER, IMPR. F. POSTU.

Par Th. Hatt, Directeur de l'école supérieure de Munster (Haut-Rhin).

CITOLÉGIE RATIONNELLE.

8ᵉ TABLEAU.

Récapitulation des éléments connus. — LECTURE MÉCANIQUE.

Observation : *Voyez le Manuel du Maître.*

tua tûé amu aba ama ami boa âne duo amo nia nué nié ana mué néo
abdi admi béné atmo bête abdu biné abdo aptè bâti népo mine dodu
mino boni bube poda tapi muni dupe dîme dîmé moni nido taba pâtu
dune têtu menu mobi dito diop tapa méde tubu dodo tumé modi mena
mène même dôme miné moda tapé tape dîné tâte tête mode mime
midi toni popu pota péni pape dona tenu ténè mame mina nébu nodo
muta mite mono pénu pâmé date daté dame dada tube tope pipe dami
topi tôpé pite tumu tuté dip diptè pote dama mona puni mané tota dote
doté demi déba téna tenu dupé méti pubé pudi timo tôpa mami médi
mate maté natu nénu muti nome none nota note noté noti nubé nubi
numé mone apte puta manu nobi pâte pâté pani papa abbé abba anni
annu appa appe appo atte atta banne banni battu batte botte botté butte
butté patte pattu pomme pommé datte domma donna donné donne
tanné tanne tonne tonné tonna manne mappe matte motte nappe natte
natté nippe nippé nonne appo ammo pitto abèti abata abîme abomi abîmé
abonné dop adopté amené amène amabi amati amido anima annota annoté
apana apéta aponé apparu appâté appété appéti appui atome babine
babio badine badina banniè bénédi bimanè binôme bitume bobine bonite
botani bottine panade patate patène patine péotte petite piano piété pionné
pitié poème poète poéti pommade pommadé puîné débâté débite débité
débuté dédamé dédié démâta démâté démena démène démuni dénatté
dénatu dénié dénudé dépote dépopu député députa détone détonne detonna
diamé diane diapa diato diète dodine domine domina domini domino duodi
tabide tamini taniè tapote tâtonne ténia tibia tiède tituba tomate manié
mania manipu monôme manumi matado matamo matiè matuti médio

CITOLÉGIE RATIONNELLE.

9ᵉ TABLEAU.

Consonnes simples monogrammes.

Observation : *Voyez le Manuel du Maître.*

M. *Nommez des mots qui finissent en* **af èf if of uf**

Dites quelque chose sur chacun de ces mots :

E. Agrafe. Calligraphe. Carafe. Cénotaphe. Epitaphe. Girafe. Télégraphe. Piaffe.—Bref. Chef. Joseph. Nef. Greffe. Relief.— Actif. Canif. Captif. Attentif. Fautif. Infinitif. If. Juif. Maladif. Purgatif. Vomitif. Chiffe. Griffe. — Apostrophe. Christophe. Etoffe. Strophe. — Truffe.

M. *Lisez après moi :* **af èf if of uf**

M. *Nommez des mots qui commencent par* **fa fé fe fè fê fi fo fô fu**

Dites quelque chose sur chacun de ces mots :

E. Fa. Fable. Fabricant. Fabrique. Façade. Face. Fâcher. Facile. Fagot. Falot. Famille. Fanal.— Fécule. Fée. Fêlure. Femelle. Fémur. Fenil. Fenouil. Féroce. Ferrer. Fête. — Fi. Fiacre. Ficelle. Fiche. Fichu. Fidèle. Fiel. Fier.—Folie. Follet. Foret. Forêt. Fosse. Fossé. — Fumer. Fumier. Fumiste. Funérailles. Furet. Fusain. Fuseau.

M. *Lisez après moi :* **fa fé fe fè fê fi fo fô fu**

M. Cette lettre **f** s'appelle *effe.*—Répétez.— Montrez des **f** (tableau de lecture mécanique).

M. *Nommez des mots qui finissent en* **al âl êl èl il îl ol ôl ul ûl**

Dites quelque chose sur chacun de ces mots :

E. Animal. Arsenal. Bocal. Cal. Canal. Caporal. Cardinal. Cheval. Colossal. Commensal. Confessional. Cristal. Etal. Général. Hôpital. Mental. Minéral. Natal. Pal. Quintal. Régal. Total. Bal. Balle. Capital. Cathédrale. Cigale. Dalle. Stalle. Gale. Halle. Pétale. Pédale. Sale. Salle. — Abel. Appel. Arc-en-ciel. Autel. Caroussel. Ciel. Colonel. Cruel. Dégel. Gabriel. Hôtel. Hydromel. Israël. Michel. Noël. Pluriel. Rachel. Sel. Prêle. Bretelle. Cervelle. Chapelle. Chanterelle. Chandelle. Citadelle. Dentelle. Echelle. Gamelle. Manivelle. Sauterelle. Selle. Truelle. Tourelle. — Achille. Argile. Asile. Bile. Crocodile. Docile. Evangile. Ville. Myrtille. Pile. Reptile. Théophile. Tranquille. Tuile. Utile. Huile. — Col. Licol. Parasol. Sol. Tournesol. Vitriol. Vol. Boussole. Bricole. Camisole. Carriole. Col. Console. École. Girandole. Parole. Rigole. Rougeole. Epaule. Saule. — Calcul. Bascule. Bulle. Capsule. Clavicule. Jules. Monticule. Mule. Pellicule.

M. *Lisez après moi :* **al âl èl èl il îl ol ôl ul ûl**

M. *Nommez des mots qui commencent par* **la lâ lé le lè li lo lu**

Dites quelque chose sur chacun de ces mots :

E. La. Laboureur. Lacet. Lâche. Lama. Lame. Laminoir. Lapin. Lapereau. Laque. Latin. Latte. Laver. Lavoir. — Lé Lécher. Leçon. Léger. Légume. Lessive. Levain. Lever. Levier. Levraut. Lèvre. Levure. Lézard. — Liard. Lier. Libraire. Licol. Licou. Lie. Liége. Lierre. Lieu. Lièvre. Lime. Lilas. Limace. Limaçon. Limon. Limonade. Liqueur. Linon. Linot. Lion. Lire. Lis. Lit. Lisière. Litière. Livre. Livret. — Loge. Logement. Lot. Losange. Loto. — Luette. Lumière. Lumignon. Lune. Lunette. Lupin. Lutte. Luzerne.

M. *Lisez après moi :* **la lâ lé le lè li lo lu**

M. Cette lettre **l** s'appelle *elle.* — Répétez. — Montrez des *l* (tableau de lecture mécanique).

LETTRES MOBILES — EXERCICES DE COMPOSITION ET DE DÉCOMPOSITION.

M. *Écrivez :* **af èl âl fo lu èf le ôl fi il lé fo fè if al fô la fu of la fé lè fe uf ol fa lo**

M. *Décomposez ces syllabes.*

EXERCICE DE MÉMOIRE.

M. Comment écrivez-vous *af?* E. D'abord *a,* puis *f; c'est af.* — M. Comment écrivez-vous *èl?* E. D'abord *è,* puis *l; c'est èl.* Etc.

Se vend chez Fr. Posth, libraire à Bischwiller (Bas-Rhin).   BISCHWILLER, IMPR. FR. POSTH.   *Par* Th. Hatt, *Directeur de l'école supérieure de Munster (Haut-Rhin).*

CITOLÉGIE RATIONNELLE.

10ᵉ TABLEAU.

Consonnes simples monogrammes.

OBSERVATION : *Voyez le Manuel du Maître.*

M. *Nommez des mots qui finissent en*

as âs ès ês is îs os ôs us ûs — az iz èz oz uz

Dites quelque chose sur chacun de ces mots :

E. Besace. Face. Filasse. Glace. Grimace. Liasse. Limace. Place. Potasse. Rosace. Gaz. Gaze. Base. Topaze. — Adresse. Caresse. Nièce. Paresse. Pièce. Politesse. Princesse. Richesse. Tresse. Compresse. Presse. — Cerise. Chemise. Eglise. Marchandise. Prise. Moïse. Calice. Ecrevisse. Edifice. Epice. Pelisse. Réglisse. Service. — Bosse. Noces. Sauce. Brosse. Pause. — Puce. Russe. Buse. Ecluse.

M. *Lisez après moi :*

as âs ès ês is îs os ôs us ûs — az iz èz oz uz

M. *Nommez des mots qui commencent par*

sa sâ sé se sè si so sô su sû — za zé zè zi zo zu

Dites quelque chose sur chacun de ces mots :

E. Sabbat. Sable. Sabot. Sabre. Sachet. Sacristain. Sacristie. Salade. Salle. Salut. Sapeur. Savon.—Sébile. Seigle. Selle. Semestre. Sérénade. Zèbre. Zébu. Zéro.— Siége. Sifflet. Signet. Silence. Sinapisme. Zibeline. — Sofa. Soleil. Solide. Solive. Sommeil. Sonner. Sonnette. Sauter. Saumon. Sauge Sauce. Saucisse. Sauterelle. Saussaie. — Suçoir. Sucre. Suie. Suif. Support. Succulent. Sueur. Suaire.

M. *Lisez après moi :*

sa sâ sé se sè si so sô su sû — za zé zè zi zo zu

M. Cette lettre **S** s'appelle *esse.*— Répétez.— Montrez des *s.* — Cette lettre **Z** s'appelle *zède.* — Répétez. — Montrez des *z.*

M. *Nommez des mots qui finissent en*

ac èc êc ic oc uc — ag èg ig og ug

Dites quelque chose sur chacun de ces mots :

E. Bac. Sac. Lac. Baraque. Flaque. Laque. Plaque. — Bague. Dague. Vague. Blague. — Bec. Sec. Bibliothèque. Grec. Evèque. Bègue. Agaric. Arsenic. Aspic. Pic. Brique. Afrique. Amérique. Arithmétique. Botanique. Domestique. Elastique. Musique. Magnifique. Pique. Digue. Fatigue. Figue. — Bloc. Broc. Choc. Soc. Breloque. Décalogue. — Aqueduc. Stuc. Nuque. Perruque. Suc. Hugue. Fugue.

M. *Lisez après moi :*

ac èc êc ic oc uc — ag èg ig og ug

M. *Nommez des mots qui commencent par*

ca câ co cô cu — ga gâ go gu

Dites quelque chose sur chacun de ces mots :

E. Caban. Cabane Cabaret. Cabinet. Cadeau. Cadre. Café. Cage. Calendrier. Calepin. Calice. Calotte. Camélia. — Gabion. Gâche. Gaffe. Gage. Gaïac. Gale. Galet. Galérien. Galetas. Galette. Galop. — Coasse. Cocarde. Coche. Cocher. Cochenille. Cochon. Coco. Cocon. Coffre. Cognée. Coke. Colonel. Colophane. Comédie. Commandant. Copeau. Copier. Coquille. Coqueluche. — Gobelet. Gobe-Mouches. Gosier. Gothique. — Cube. Cuir. Cuiller. Cuisine. Cuisse. Culotte. Curé. Curieux. Cuve. Cuveau. Cuvette. — Guttural. Gutta-Percha.

M. *Lisez après moi :*

ca câ cu cô co — ga gâ go gu

M. Cette lettre **C** s'appelle *ssé.*—Répétez.—Montrez des *c.*— Cette lettre **g** s'appelle *gé.*—Répétez. — Montrez des *g.*

LETTRES MOBILES. — EXERCICES DE COMPOSITION ET DE DÉCOMPOSITION.

M. *Ecrivez :* **us èg ac iz cu zè as ca sè is gâ zi oc îs sé og co zo uc gu èz âs èc sa os zu câ ga ùs za ès ic oz sû ig az se êc go cô ug so**

EXERCICE DE MÉMOIRE.

M. Comment écrivez-vous *us?* — E. D'abord *u*, puis *s*, c'est *us.* — M. Comment écrivez-vous *èg?* — E. D'abord *è*, puis *g*, c'est *èg.* Etc.

Se vend chez FR. POSTH, LIBRAIRE
à *Bischwiller* (Bas-Rhin).

BISCHWILLER, IMPR. F. POSTH.

Par TH. HATT,
Directeur de l'école supérieure de Munster (Haut-Rhin).

CITOLÉGIE RATIONNELLE.

11ᵉ TABLEAU.

Récapitulation des éléments connus. — **LECTURE MÉCANIQUE.**

Observation : *Voyez le Manuel du Maître.*

MOTS ET ÉLÉMENTS DE MOTS.

facta facti fade fala famé facto fane fana falla fédé fêlé fêlu féal
famé figu fêté fictif filé albâ albi alga allé aga lama lamé lac latte
lazzi légal lèse licol lié liga lime lippe lippu lisse lissé liste lobe
local lof lofé loga lugu lui lune lutte sac saca saco sadu saga salé
sale salle salmi salpê sapa sape sasse séduc séma semé sème sema
semi séné silo soc sofa azur suze affu alco fulgu atlas fucus fuga
fol folâ fanal fastu fatal fêlé féli fine fini filo filu folle fuli fume
fumé fuma alba alma lapé lassé sofi sol solde soldé sole solo somme
sommé suc sud suif suiffé suisse suite sumac zani zébu zèle zélé
cactus cadi caduc café cal calcul cale fuste factu fasié faste fila
final folia folie folié fosse fossé funè funé alto calme canal cane
canif canne cap cape captif captu case casé casse cassé caste cati
catop coad coco code col colle collé colza coma comma comme
copal copié copté cosse cossu cote côte côté cotte cuisse cuite culé
culié culi culte cumul accul actif octa octil gaba gade gaffe gaffé
gala galbe gale galle gamme gané gano gâte gâté gaz gaze gobbe
gobé godé goffe gogo golfe gomme gutte optatif opale gazomè gazonné
gustatif gobeté gabelé galima galiote occulte occase cupule accoté
accosté accolé acata cutané costume cumulé cupide cotisé cosinus
copule cosméti calife câliné calotte camélia canapé cannelé capital fagoté
faculté fagota falbala falote faméli famine fastidi fatale fécale fécule
fidèle filasse filatu filial filiè finale finassé fiole folio fulmina albugo
affilé affidé affina affiné agape agate alcade alcali codebi colonie colonne
colosse comète commué commune coopé copiste cosmolo costumé cuisine

Se vend chez Fr. Posth, libraire
à Bischwiller (Bas-Rhin).

BISCHWILLER, IMPR. F. POSTH.

Par Th. Hatt,
Directeur de l'école supérieure de Munster (Haut-Rhin).

CITOLÉGIE RATIONNELLE.

11ᵉ TABLEAU.*bis*

Récapitulation des éléments connus. — LECTURE MÉCANIQUE.

Observation : *Voyez le Manuel du Maître.*

MOTS ET ÉLÉMENTS DE MOTS.

alcool alène alèze alibi alibo aliéné aliéna alinéa alité alize alizé alléga allégo allia allié allité alloca allocu allumé allume aloès alopé alose alpaga alpine alude aluné amassé amélio amical amicale amolli amusa amuse amusé anago analo animal annuité anomal appelé appela apposé asile asine assidu assolé assommé assisté attelé attèle labial labié labile laconi lacté lacune lagune lamina laminé lapida lazuli calfata caméléo canonial cannoniè capote capsule cascade casino cassade cassine cassis castine catafal catalo catalpa catégo coactif coassé cocasse colatu coléga colifi collabo collaté collatif colline colloca colludé colonial colossal comité commémo commina commisé commode commua communal coopta culasse culmina culotte cupide acculé accusé occupé octidi gabela gallina galonné galopé légume lésine liane liasse limite linéal linotte lissa litote lobule locatif logoma lotissa lotisse lubie lunati lunule sésame sialisme siccatif simulé sinus sinué situa situé soffite solbatu solfié solide solipède solitude sommité sonate sonna sottise subite subito subside subsisté sulfate sulfite sultane supina supputé supposé supposa supputa zibeline zigzag zizanie zone zygoma azuré cabane cabale cacade coléoptè colonisa colonnade communicatif communié commodité communisme communiste cosmogonie cosmopolite cotonnade cotonnine cupidité accommoda octogone gabionné gasconisme optimiste opposite osmazôme ossifica ossifié ostéotomie obsidiane fatuité féminisé fète fidéicommi fioritu fuite fumiga fumiste fustiga amazone amenuisé ammoniac apozème apostume simonie sinapisme zénonisme zygomati

Se vend chez Fr. Posth, libraire à Bischwiller (Bas-Rhin).   BISCHWILLER, IMPR. F. POSTH.   Par Th. Haff, Directeur de l'école supérieure de Munster (Haut-Rhin).

CITOLÉGIE RATIONNELLE.

12ᵉ TABLEAU.

Consonnes simples monogrammes.

Observation : *Voyez le Manuel du Maître.*

M. *Nommez des mots qui finissent en*

âr ar èr êr ir îr or ôr ur ûr

Dites quelque chose sur chacun de ces mots :

E. Avare. Are. Barbare. Barre. Gare. Guitare. Mare. Epinards. Bavard. Bernard. Billard. Lézard. Brouillard. Boulevard. Canard.—Guerre. Lierre. Terre. Parterre. Pierre. Serre. Air. Clair. Eclair. Annulaire. Notaire. Dromadaire. Libraire. Militaire. — Cuir. Dormir. Plaisir. Saphir. Blanchir. Venir. Tenir. Cueillir. Dire. Rire. Mentir. Fleurir. — Castor. Cor. Major. Or. Tricolore. Aurore. Ellébore. Laure. Phosphore. Store. — Mur. Mure. Mûr. Obscur. Pure. Agriculture. Balayure. Figure. Blessure. Brûlure. Ceinture. Couture. Dorure.

M. *Lisez après moi :*

âr ar èr êr ir îr or ôr ur ûr

M. *Nommez des mots qui commencent par*

ra râ re ré rè rê ri rî ro rô ru rû

Dites quelque chose sur chacun de ces mots :

E. Rabat. Rabbin. Rabot. Raccomoder. Racine. Racler. Rade. Radeau. — Rébus. Receveur. Réchaud. Réciter. Récolte. Récompense. Récréation. Raide. Raifort. Raie. Raisin.— Riche. Ride. Rideau. Rigole. Rire. Rivage. — Robe. Robinet. Rocher. Rôder. Rognon. Rôle. Romance. Romarin. Roquet. Rose. Rosace. Roseau. — Ruade. Rue. Rubis. Ruche. Rude. Rugir. Ruine. Ruisseau. Ruminant.

M. *Lisez après moi :*

ra râ re ré rè rê ri rî ro rô ru rû

M. Cette lettre **r** *s'appelle* **erre.** — Montrez des r.

M. *Nommez des mots qui finissent en* **av ev èv êv iv ov ôv uv ûv**

Dites quelque chose sur chacun de ces mots :

E. Bave. Betterave. Cave. Concave. Esclave. Gustave. Rave. Octave. Lave. Brave. Suave. — Fleuve. Neuve. Veuve. Glaive. Rêve. Sève. Elève. Eve. Fève. Lève. — Gencive. Grive. Juive. Lessive. Ninive. Olive. Rive. Salive. Solive. Vive. — Alcôve. Chauve. Fauve. Guimauve. Mauve. Sauve. — Cuve. Etuve. Vésuve.

M. *Lisez après moi :*

av ev èv êv iv îv ov ôv uv ûv

M. *Nommez des mots qui commencent par*

va ve vé vè vê vi vo vô vu vû

Dites quelque chose sur chacun de ces mots :

E. Va. Vacance. Vacarme. Vacciné. Vache. Vague. Valet. Valise. Vallée. Vallon. Vanne. Vapeur. Vareuse. — Végétal. Véhicule. Vélin. Velours. Vêpres. Vérité. Verrat. Verrou. Verrerie. Verrue. Vesce. Vessie. Vêtement. Vétérinaire. Veuve. — Vie. Viande. Vicaire. Vide. Vigie. Vigne. Ville. Villa. Vinaigre. Violette. Violon. Viorne. Vipère. Virole. Visage. Visite. Visière. Vitre. Vitrail. Vivandière. Vivier. — Voler. Volant. Vole-au-vent. Volet. Voleur. Volière. Volige. Vomir. — Vue Vu.

M. *Lisez après moi :*

va ve vé vè vê vi vo vô vu vû

M. Cette lettre **V** *s'appelle* **vé.** — Répétez. — Montrez des v (tableau de lecture mécanique).

LETTRES MOBILES — EXERCICES DE COMPOSITION ET DE DÉCOMPOSITION.

M. *Écrivez :* **ir vé re ov îr vê vo ûr av vû ar ré va êr ve ra ôv or vè rî vi ôr rô ûv rû or ur ru vô ro vu ev âr râ iv rè èv rê ru rî èr**

M. *Décomposez ces syllabes.*

EXERCICE DE MÉMOIRE.

M. Comment écrivez-vous *ir?* E. D'abord *i,* puis *r; c'est ir.* — **M.** Comment écrivez-vous *vé?* E. D'abord *v,* puis *é; c'est vé.* Etc.

CITOLÉGIE RATIONNELLE.

13° TABLEAU.
Consonnes simples monogrammes.

Observation : Voyez le Manuel du Maître.

M. *Nommez des mots qui commencent par*

ha   hâ   hé   hê   hè   hi   ho   hu

Dites quelque chose sur chacun de ces mots :

E. Hache. Hacher. Hachette. Hachis. Hachoir. Haïr Hâlé. Halle. Hallebarde. Haloir. Hamac. Hameau. Hanneton. Happer. Haquet. Hareng. Haricot. Hâter. Hâtif. Le Hâvre. Hâve. — Hérisson. Héron. Hêtre. Hexagone. Hérisser. Héler. Haie. Haine. — Hibou. Hideux. Hisser. — Hocher. Holà. Hollande. Homard. Hoquet. Hotte. Hottée. — Huche. Huette. Hulotte. Hune. Hunier. Huppe. Hure. Hussard. Hutte.

M. *Lisez après moi :*

ba   hâ   hé   hè   hê   hi   ho   hu

M. Cette lettre **h** s'appelle *ache*. — Répétez. — Montrez des *h* (tableau de lecture mécanique).

M. *Nommez des mots qui commencent par*

ja   jé   je   jè   jê   jo   ju

Dites quelque chose sur chacun de ces mots :

E. Jabot. Jachère. Jacinthe. Jacques. Jacob. Jaconas. Jaïet. Jalon. Jalousie. Japper. Jaquette. Jarre. Jarret. Jaser. Jarretière. Jatte. Javelle. Javelot.—Jéhovah. Je. Jésus. Jeton. Jeu. Jeudi. Jeune. Jeûne. — Joaillier. Joie. Joli. Joseph. Jockey. Jocko. Jovial. Joséphine. Josué. — Jubé. Juchoir. Judas. Juge. Jugulaire. Juif. Juillet. Juin. Jujube. Julie. Julienne. Jumeau. Jument. Jupe. Jupon. Jurer. Jus.

M. *Lisez après moi :*

ja   jé   je   jè   jê   jo   jû

M. Cette lettre **j** s'appelle *ji*. — Répétez. — Montrez des *j* (tableau de lecture mécanique).

M. *Nommez des mots qui finissent en*

ax   èx   ix   ox   ux

Dites quelque chose sur chacun de ces mots :

E. Axe. Taxe. Saxe. Borax. — Index. Circonflexe. Convexe. Sexe. Vexe. — Félix. Fixe. Phénix. — Boxe. Equinoxe. — Luxe. Pollux.

M. *Lisez après moi :*

ax   èx   ix   ox   ux

M. *Nommez des mots qui commencent par*

xa   xé   xi   xo   xu

Dites quelque chose sur chacun de ces mots : — E. Xavier. Xérasie. Xylon. (Il n'y a pas des mots en *xo* ni en *xu*.)

M. *Lisez après moi :*

xa   xé   xi   xo   xu

M. Cette lettre **X** s'appelle *ixe*.— Répétez.— Montrez des *x* (tableau de lecture mécanique).

LETTRES MOBILES. — EXERCICES DE COMPOSITION ET DE DÉCOMPOSITION.

M. *Ecrivez :* **ha   xi   jo   hi   ax   je   hâ   èx   hê   xo   ju   xa   hé   jè**
ix   ho   ja   ox   hè   xu   hu   jé   ux   jê   xé

M. *Décomposez ces syllabes.*

EXERCICE DE MÉMOIRE.

M. Comment écrivez-vous *ha?* — E. D'abord *h*, puis *a*, c'est *ha*. — M. Comment écrivez-vous *xi?* — E. D'abord *x*, puis *i*, c'est *xi*. Etc.

Se vend chez Fr. Posth, libraire   à Bischwiller (Bas-Rhin).

BISCHWILLER, IMPR. F. POSTH.

Par Th. Hatt,   Directeur de l'é... supérieure de Munster (Haut-Rhin).

CITOLÉGIE RATIONNELLE.

14ᵉ TABLEAU.

Récapitulation générale des éléments connus.—LECTURE MÉCANIQUE.

OBSERVATION : *Voyez le Manuel du Maître.*

MOTS ET ÉLÉMENTS DE MOTS.

abâtardir abêtir abjuré accaparé accolade accommodé acculera acte
adapté adiré adjudicatif adminicule admonété aduste affadir affétérie
affinerie affirmatif affixe agnus agonie agonir ajusté albinos alcove
aleviné allégorie allure amatir amollir amortir amovibilité ânerie
ânière annihilé anordir anormal aorte aparté appartenir apporta
aptère arabe arboré arborisé arrêté arrière arrosé arsenic aspérité
assortir astéric asticoté avalé avé avenir avidité avorté axe axiome
azerole azuré bagarre bannière bannir barbe barboté bascule bâtir
bavure bécasse bécassine bénir bière bigame bigorne bigoterie
biscotte boléro borax bordé bordure bure buriné butor buvotté
caduc caféière cahoté cahute cajolerie calorifère camériste canicule
captivité capture carabine caractère carbonaro carbure carène carré
carrière carriole carrosse carrure casimir cassure caste castorine
catégorie catir coagulé cohorte cohue colère coloré colporté commère
coordonné cor cordelière cornière corolle corpuscule corroboratif
corrodé corrosif corruptibilité cortès cosmogonie cosmopolite cuire
culière culpabilité cunéiforme curcuma curiosité curule cuve dariole
dardé darse débardé débilité débordé décatir décavé décoloré décora
dédire dédoré déduire défilé dégusté déhalé déjà déjeté délardé délavé
démolir déparié dépolir dépossédé désaccordé désobéir détérioré dévalisé
devise diagonale diérèse différé difforme dilatabilité discorde disculpé
dissimulé distillé diurnal dive divinisé docte doctoral dogme dogmatisé
dorade dormir dorure dureté ébénisterie écartelé économe écussonné
édulcoré égalité élaboré élève élixir élu émérite énumératif épicurisme

Se vend chez Fr. Posth, libraire
à Bischwiller (Bas-Rhin).

BISCHWILLER, IMPR. F. POSTH.

Par Th. Hatt,
Directeur de l'école supérieure de Munster (Haut-Rhin).

CITOLÉGIE RATIONNELLE.

14ᵉ TABLEAU.*bis*

Récapitulation générale des éléments connus.—LECTURE MÉCANIQUE.

Observation : *Voyez le Manuel du Maître.*

MOTS ET ÉLÉMENTS DE MOTS.

épisode érésipèle étale étape étiolé étoffe étudia évaporé évasif
factorerie faculté farine fédéral fêlure fétidité fève figurative filière
finir fiscalité fixité follicule formalité fossile fucus furtive futile
gabare galère garde garnir gâté gazéiforme golfe gustatif hâle halte
hamac happe hardi hasardé hâtive hère hile hotte huppe ibis ictère
idiome illégal immaculé immobilité immortalisé inactif inanimé
inégalité inimitié inoccupé inodore iode ironie irrégularité israélite
itérative ive ixia jaboté jappe jardinière jaserie jérémiade joli jubé
juive jupe justificative juvénile labile laconisme lapidé larve lazzi
légalité légume lépidoptère levure lézardé liane libéral libéré licorne
limonière lire liste littérale littoral livide locomotive loterie lucarne
lumière luxé macaroni majordome majorité maladive malévole
manière manipule marmelade marmite masculine massue matador
matelote matière maxime mécanisme mélomanie même menuiscrie
miasme mica midi millésime minérale miniature missive mobilière
modificatif modiste monastère morbide morsure mortalité mortifère
moxa multiforme multivalve murène mûrir muscade musical nadir
narine nasarde naval négative népotisme nicodème nivôse nocturne
normal nubécule nuire obéir obsidional obtenir obvié occupé occulte
olive omnibus omnivore opale opportune opposite opuscule oratorio
organe ordonné orme orvale osé ottomane ovale pacte paganisme
panorama papérasse paré parfilé parfumé parjure pâte pavé pécule
pédiculé pelure pêne périr pétale petite pic piété pirate pire poésie
polir pomme popularité porte poste posture potelé puéril pullulé

Se vend chez Fᴿ. Posth, libraire
à Bischwiller (Bas-Rhin).

BISCHWILLER, IMPR. Fᴿ. POSTH.

Par Tʜ. Hatt,
Directeur de l'école supérieure de Munster (Haut-Rhin).

CITOLÉGIE RATIONNELLE.

14ᵉ TABLEAU.ter

Récapitulation générale des éléments connus.—LECTURE MÉCANIQUE.

OBSERVATION : *Voyez le Manuel du Maître.*

MOTS ET ÉLÉMENTS DE MOTS.

pureté pustule râble raboté raccordé rade radical radoterie rafale
raja râle rallumé ramasse ramené ramoné râpe rapporté rapsode rare
rareté rasade rasséréné ratatiné rature ravalé ravir réal réapposé
rebâtir recordé rébus rebordé reculade redevenu réductif réélire
référé réforme régalade régularité réitéré rejeté relaté relevé remède
remémore renégate répare repassé repère réséda retenu retorte
revisé ricane rivière robe roture ruade rude ruine sabotière salade
sale salive salve savane sécularisé sème séminariste senevé sialisme
siccatif simarre simultané soc solde sole solide solubilité sommité
sonore soporifère sorbe sordide sortir sorte suave subir subodoré
subside subtile subtilité succursale suffire suif sulfate sultane sumac
supposé suppuratif suranné sûreté surnaturel surnommé surtaxe
tabatière talle talmud talonne tamisé tannerie tape tapioca tapoté
tardé tare tarlatane tartane tartufe tasse tâte tatonné taxe témérité
ténia tenir ténu ténuité tâte tetine tiare tibial tiède timidité tire
tisonné tissu tocane tôle tollé tomate tome tonne tordu torsade toste
total tube tuerie tubulé tuf tuile tulipe tulle tuméfié tumulte tumulus
turlupiné tutti uléma unanime unanimité unième uniforme unitive
univalve urane urbanité usé usine usité usure utilité utilisé utopie
vacarme vacuité valide validité valise vallée valse valve valvule
vanité vanne vannerie vaporise variété variole vasistas vaste véléité
velu vénale vénérie venir vénus vésical vésicule vêtir vétusté vicarial
vide vipère vocal volatile volcanisé volume vote vue vulgarisé xérasie
zani zébu zélé zéro zibeline zigzag zizanie zodiacal zone zygoma

Se vend CHEZ FR. POSTH, LIBRAIRE
à Bischwiller (Bas-Rhin).

BISCHWILLER, IMPR. FR. POSTH.

Par TH. HATT,
Directeur de l'école supérieure de Munster (Haut-Rhin).

CITOLÉGIE RATIONNELLE.

15° TABLEAU.

Voyelles simples polygrammes.

Observation : Voyez le Manuel du Maître.

M. *Nommez des mots qui commencent ou qui finissent en* **ou**
    Dites quelque chose sur chacun de ces mots :
E. Ouate. Oublier. Ouest. Ouragan. Outarde. Outil. Outre. Ouverture. Ouvrage. Ouvrir. Ouvroir. — Acajou. Bambou. Bijou. Caillou. Chou. Cou. Clou. Sou. Trou. Fou. Matou. Genou. Hibou. Joujou. Pou. Loup. Coucou. Verrou. Brou. Roue. Houe. Boue. Joue.

M. *Lisez après moi :*

ou

M. Ces deux lettres réunies, *o* et *u,* se prononcent toujours *ou.* — Répétez. — Montrez des *ou* (tableau de lecture mécanique).

M. *Nommez des mots qui commencent ou qui finissent en* **an**
    Dites quelque chose sur chacun de ces mots :
E. Ambre. Amputé. Ampoule. Ancien. Ancre. Ange. Anglais. Angle. Anguille. Antenne. Antilope. Embrasser. Embouchure. Empeigne. Empire. Empereur. Encadrer. Encens. Enclume. Encre. Enfant. Enfer. Engrais. Enseigne. Enveloppe. — Temps. Grand. Blanc. Friand. Gland. Marchand. Tisserand. Hareng. Vent. Diamant. Sarment. Argent. Champ. Sergent. Gant. Onguent. Méchant. Mendiant.

M. *Lisez après moi :*

an

M. Ces deux lettres réunies, *a* et *n,* se prononcent toujours *an.* — Répétez. — Montrez des *an* (tableau de lecture mécanique).

M. *Nommez des mots qui commencent ou qui finissent en* **in**
    Dites quelque chose sur chacun de ces mots :
E. Impatient. Impérial. Imprimeur. Incendie. Inconnu. Inculte. Index. Indigo. Ingrat. Insulter. Intestin. Invalide. — Bassin. Benjamin. Bouquin. Brin. Carmin. Chagrin. Cousin. Coussin. Craquelin. Crin. Grain. Fantassin. Fin. Festin. Jardin. Gradin. Jasmin. Lapin. Sapin. Lin. Vin. Magasin. Matin. Médecin. Marin. Pépin. Pin. Moulin. Patin. Parchemin. Poussin. Raisin. Lin. Romarin. Voisin.

M. *Lisez après moi :*

in

M. Ces deux lettres réunies, *i* et *n,* se prononcent toujours *in.* — Répétez. — Montrez des *in* (tableau de lecture mécanique).

M. *Nommez des mots qui commencent ou qui finissent en* **on**
    Dites quelque chose sur chacun de ces mots :
E. Ombre. Ondée. Once. Ongle. Onguent. — Blond. Fond. Rond. Fécond. Gond. Plafond. Profond. Pharaon. Bouchon. Mont. Capuchon. Long. Torchon. Poêlon. Manchon. Bourgeon. Bouton. Menton. Canon. Cornichon. Crampon. Violon. Cochon. Chaînon. Échelon. Hameçon. Hanneton. Oison. Bâton. Marron. Maçon. Melon. Chausson. Mouton. Oignon. Jonc. Pont.

M. *Lisez après moi :*

on

M. Ces deux lettres réunies, *o* et *n,* se prononcent toujours *on.* — Répétez. — Montrez des *on* (tableau de lecture mécanique).

M. *Nommez des mots qui commencent ou qui finissent en* **un**
    Dites quelque chose sur chacun de ces mots :
E. Un. Aucun. Brun. Alun. Chacun. A jeun. Importun. Parfum. Quelqu'un. Falun. Melun. Verdun.

M. *Lisez après moi :*

un

M. Ces deux lettres réunies, *u* et *n,* se prononcent toujours *un.* — Répétez. — Montrez des *un* (tableau de lecture mécanique).

LETTRES MOBILES — EXERCICES DE COMPOSITION ET DE DÉCOMPOSITION.

M. *Écrivez :* **an ou in on un dan ron lou sin lun san fin von vin sou mou ton tan bon pin fan cun**

M. *Décomposez ces syllabes.* — E. *Dan;* c'est *d* et *an.* — *Ron;* c'est *r* et *on,* etc.

EXERCICE DE MÉMOIRE.

M. Comment écrivez-vous *dan?* E. D'abord *d,* puis *an;* c'est *dan.* — Comment écrivez-vous *ron?* E. D'abord *r,* puis *on;* c'est *ron.*

Se vend chez Fr. Posth, libraire   BISCHWILLER, IMPR. FR. POSTH.   *Par Th. Hatt,*
à Bischwiller (Bas-Rhin).   *Directeur de l'école supérieure de Munster (Haut-Rhin).*

CITOLÉGIE RATIONNELLE.

16ᵉ TABLEAU.

Voyelles simples polygrammes. — LECTURE MÉCANIQUE.

OBSERVATION : *Voyez le Manuel du Maître.*

MOTS ET ÉLÉMENTS DE MOTS.

abandon aboutir acajou accoutumé ajourne alourdir amadou amandé
ambe amour amputé angora antépénultième antidote anxiété aronde
arpente aviron avoué babouin balcon ballon balourdise ban bancal
banderole baron bastion béton bidon bijou bistouri bonté boucan
bouffe bourbe bouse bulletin burin butin caban calmande candidat
cantilène capitan carton cassetin catacombe caton colarin concave
condor conduire conforme consécutif consiste consul conte contenu
contourné convoluté coran cordon coton couardise coulé couperose
courre cousin couve dandin débandade débondé déconfiture découle
dégoutté déhonté démantelé démon dénoué dépourvu désavoué devin
dindon disconvenir dolman donjon doute douzième ducaton écoulé
éconduire écourté écusson égoutte élan éperon épouvante épouse
érosion étalon faconde falun fanfare fantasmagorie féconde féminin
filon filou fongosité forban forfanterie fouine fourbe fournir funin
fusion gabion galantine galion ganté garou gondole goujon gourgane
gourmandise gousse goûté han hante hibou honte houle houppe houri
hourra housse houssine hulan immonde incarné incommode inconduite
inculpé indéfini indigo indisposé infâme infante infidélité infirmité infixé
informé infusion ingambe injure insinué insipidité insulte invalide invite
japon jardin jasmin jeton joué jouir joujou jour journal joute juron
labour lande langouste larron lavandière lésion licou limon linge linon
loué loupe louve lundi macaron mandé mandibule manganèse mantelure
marron masculin mâtin miroton mission miton mixtion monde monte
monticule moribonde mou moulu moulin moulure mourir mousse mutin

Se vend chez Fʀ. Pᴏsᴛʜ, ʟɪʙʀᴀɪʀᴇ
à *Bischwiller* (Bas-Rhin).

Bɪsᴄʜᴡɪʟʟᴇʀ , ɪᴍᴘʀ. Fʀ. Pᴏsᴛʜ.

Par Tʜ. Hᴀᴛᴛ,
Directeur de l'école supérieure de Munster (Haut-Rhin).

CITOLÉGIE RATIONNELLE.

16ᵉ TABLEAU.ᵇⁱˢ

Voyelles simples polygrammes. — **LECTURE MÉCANIQUE.**

OBSERVATION : *Voyez le Manuel du Maître.*

MOTS ET ÉLÉMENTS DE MOTS.

musulman nantir non normande noué nourrir nourrisson nourriture obéissante occasion octante odéon odorante odoriférante onde ondé ondin ondulé ongulé onze onzième organdi orin orion ormin orpin ortolan orviétan osmonde ouate oui ouragan ourdir oursin ourson padou palan pan pancarte pandour panse pantalon pantin pantomime parangon parcourir pardon passion patelin patin pepin peton picotin piéton pin pinson pinte piston piton polisson pondéré ponte pontifical potin potiron pou poularde poule poupon pourriture pourvu poussin puissante pulvérin raboutir ragoûté ramon rancune raton rebondir rebutante reconduire recourir redan redoute refondu rejeton réjouir rémission renoncule répondu résultante retondu révision révoltante rigodon roman rotonde rouan roudou roulé roussin routine route ruban sagou salin santé sapin satin savante savon séjourne selon semoule serin séton singulière son sonde soucoupe soudé soudure soulève soulte soumission soupape soupe soupiré sourdine sourire soutane soute soutenir souvenir suffusion suinté suivante sultan supin surabondante surmonté tabarin talion talisman talon tan tante tapon tarin taroupe tartan tatoué tatou tetin timon tin tinte tintouin tison ton tondu tonsure tontisse tonture torsion touffe touffu toupie tour tourbe tourbière tourière tourmaline tourné tournesol tournure tourte toutou turban turbotin turlupin un union usante vacante van vandale vantarde vante vanterie vatican vélin velouté venin véron viande vindicative vindicte violon vision visitandine vivandière vivante volcan voulu voûte voussure zinc.

Se vend chez Fᴿ. Poꜱᴛʜ, ʟɪʙʀᴀɪʀᴇ à *Bischwiller* (Bas-Rhin).   BISCHWILLER, IMPR. FR. POSTH.   *Par* Tʜ. Hᴀᴛᴛ, *Directeur de l'École supérieure de Munster* (Haut-Rhin).

CITOLÉGIE RATIONNELLE.

17° TABLEAU.

Consonnes simples polygrammes.

Observation : *Voyez le Manuel du Maître.*

M. *Nommez des mots qui commencent par*

cha châ chan che ché chè chê chi chin cho chô chou chu

E. Chacal. Chagrin. Châle. Chalet. Chaleur. Châlit. Chaloupe. Chalumeau. Chameau. Chamois. Chapeau. Chapelle. Chapon. Charade. Charriot. Charron. Charrue. Chasse. Châssis. Chat. Châtaigne. Châtain. Château. Chaton. Châtier. Chatouiller. — Chambre. Champ. Champêtre. Champignon. Chancelière. Chandelle. Changer.—Chemin. Chemise. Chênaie. Chenal. Chêne. Chéneau. Chenet. Chènevis. Chenil. Chère. Chair. Chérubin. Cheval. Chevalet. Chèvre. — Chicorée. Chicot. Chiffon. Chiffre. Chimiste. Chirurgien. — Chocolat. Choquer. Chaume. Chaussure. Chauve. Chaudron. Chômer. — Chou. Choucroute. Chouette. — Chuchoter. Chute. Chut!

M. *Lisez après moi :*

cha châ chan che ché chè chê chi chin
cho chô chou chu

M. Ces deux lettres réunies, *c* et *h*, s'appellent *céache*. — Répétez. — Montrez des *ch* (tableau de lecture mécanique).

M. *Nommez des mots qui finissent en*

gne gné gni gnon gno gna

E. Vigne. Signe. Ligne. Borgne. Maligne. Châtaigne. Campagne. Empeigne. Enseigne. Peigne. Araignée. Cognée. Poignée. Saignée. Accompagner. Baigner. Cligner. Egratigner. Gagner. Grogner. — Compagnie. — Champignon. Chignon. Compagnon. Lumignon. ·Maquignon. Ognon. Grignon. Pignon. Rognon. — Agneau. — Signa. Saigna. Soigna. Témoigna.

M. *Lisez après moi :*

gne gné gni gnon gno gna

M. Ces deux lettres réunies, *g* et *n*, s'appellent *gne*. — Répétez. — Montrez des *gn* (tableau de lecture mécanique).

M. *Nommez des mots qui finissent en*

aille eille (*) ille ·ouille

E. Caille. Bataille. Basse-taille. Ecaille. Funérailles. Grenaille. Limaille. Maille. Médaille. Muraille. Paille. Semailles. Tenaille. — Abeille. Bouteille. Corbeille. Corneille. Oreille. Groseille. Oseille. Treille. Vieille. Vermeil. — Aiguille. Béquille. Bille. Anguille. Camomille. Cannetille. Chenille. Cheville. Coquille. Famille. Faucille. Fille. Guenille. Lentille. Grille. Quille. Vanille. Torpille. Gentille. — Andouille. Citrouille. Douille. Grenouille. Houille. Patrouille. Quenouille. Rouille.

M. *Lisez après moi :*

aille eille ille ouille

M. Ces trois lettres *ill* sont inséparables et s'appellent : *l mouillé.*—Répétez.— Montrez des *l* mouillés (tableau de lecture mécanique).

(*) *Observation.* — La syllabe composée *eille* devrait, à proprement parler, figurer dans les exceptions, mais nous la donnons ici pour ne pas trop multiplier les subdivisions.

LETTRES MOBILES. — EXERCICES DE COMPOSITION ET DE DÉCOMPOSITION.

M. *Ecrivez:* ## cha gni ille chan chè gno chi châ gne aille chin chou ouille
cho gné che gnou chu eille ché chê gna cho chô

M. Décomposez ces syllabes. — E. *cha,* c'est *ch* et *a; gni,* c'est *gn* et *i;* etc.

EXERCICE DE MÉMOIRE.

M. Comment écrivez-vous *cha?* — E. C'est d'abord *ch,* puis *a;* cela fait *cha.* — M. Comment écrivez-vous *gni?* — E. C'est d'abord *gn,* ·puis *i;* cela fait *gni;* etc.

Se vend chez Fr. Posth, libraire à *Bischwiller* (Bas-Rhin).　　　BISCHWILLER, IMPR. FR. POSTH.　　　*Par* Th. Hatt, *Directeur de l'école supérieure de Munster* (Haut-Rhin).

CITOLÉGIE RATIONNELLE.

18ᵉ TABLEAU.
Récapitulation — LECTURE MÉCANIQUE.

Observation : *Voyez le Manuel du Maître.*

MOTS ET ÉLÉMENTS DE MOTS.

abouché acheva agneline alchimiste allemande alun amadou amidon
anarchie angora apozème arche archiduc archiduché argousin assigna
assoupir attachante avalanche azerole babillarde bâche bafoué balcon
bambin barbouillé bazar bêche bedouin biche bichon bijou billon
bonze borgne boucherie bouillotte boulin bourdillon boxé buccal bûche
cabanon cache caduc cahoté caille cal calèche camomille candide
cannetille canton captivité capuchon catéchisé chacal chalande châle
chantignole chaperon chaste chemin chènevière chenille chérubin
chétive chevaline chicane chicorée chiffe chiourme chuchote cocarde
codille cohésion collision conjugal contigu contumax couche débouillir
décharné décoche dégoûtante démarche déniche dépouillé désajusté
dimanche dignité disjonctif dogme donjon douille douzième durillon
ébouillir échanson écharnure échasse échenillé échine échoppe échoué
écorchure écoutille édulcoré élixir épargne épingare fâché faillite
filoche fille fiche fichu figure fortune fourche fusillé fusillade gagné
gagne gagna gâche gaillarde ganache gaz gazé goupille goupillon
gourgane hache haillon harpon hogné hogna hogne houraillé ignore
ignorante ignorantin incognito insigne insignifiante jachère jargon
joaillière joaillerie jonché joujou juxtaposé lâche lagune lézarde lime
limaille magnésie magnétisme magnanime maillure médaille mignarde
morillon mouille nitouche onzième pagne papille papillon parangon
pastille pétillante pignoratif pupille ravigote réassigné regagné réjouir
régna répugne rogne rouille salignon séjour siccative signale souille
taille taxe tenaille tiraillé torchon vaillante vétille vigne zigzag zinc.

Se vend chez Fr. Posth, libraire
à *Bischwiller (Bas-Rhin).*

BISCHWILLER, IMPR. FR. POSTH.

Par Th. Hatt,
Directeur de l'école supérieure de Munster (Haut-Rhin).

CITOLÉGIE RATIONNELLE.

19ᵉ TABLEAU.

Voyelles doubles ou diphthongues.

Observation : *Voyez le Manuel du Maître.*

Observation. — Nous ne nous occuperons que des trois diphthongues *ien* (i-in), *oin* (o-an) et *oi* (o-a); toutes les autres ne présentent aucune difficulté pour la lecture.

M. *Nommez des mots qui finissent en*

ien (i-in)

Dites quelque chose sur chacun de ces mots :

E. Artésien. Aurélien. Bien. Bohémien. Chien. Chirurgien. Chrétien. Collégien. Combien. Comédien. Entretien. Galérien. Gardien. Grammairien. Historien. Indien. Italien. Julien. Justinien. Lucien. Magicien. Maintien. Mien. Musicien. Opticien. Parisien. Pharmacien. Quotidien. Rien. Sien. Soutien. Tien. Vaurien. Obtiens. Retiens. Vient.

M. *Lisez après moi :*

ien

M. Ces trois lettres sont inséparables et forment une diphthongue. — Répétez. — Montrez des *ien* (tableau de lecture mécanique).

M. *Nommez des mots qui finissent en*

oin (o-an)

Dites quelque chose sur chacun de ces mots :

E. Besoin. Coin. Foin. Groin. Loin. Poing. Coing. Recoin. Sainfoin. Soin. Temoin. Moins. Oing. Joins. Rejoins. Embonpoint. Joint. Point. Pourpoint.

M. *Lisez après moi :*

oin (o-an)

M. Ces trois lettres sont inséparables et forment une diphthongue. — Répétez. — Montrez des *oin* (tableau de lecture mécanique).

M. *Nommez des mots qui finissent en*

oi (o-a)

Dites quelque chose sur chacun de ces mots :

E. Beffroi. Convoi. Effroi. Emploi. Foi. Loi. Moi. Octroi. Envoi. Paroi. Pourquoi. Quoi. Roi. Soi. Toi. Courroie. Foie. Joie. Lamproie. Oie. Proie. Soie. Voie. Anchois. Blois. Bois. Bourgeois. Carquois. Chamois. Chinois. Choix. Poids. Contre-poids. Croix. Empois. Fois. Foix. Gravois. Hautbois. Mois. Noix. Pois. Poix. Putois. Patois. Trois. Villageois. Voix.

M. *Lisez après moi :*

oi (o-a)

M. Ces deux lettres sont inséparables et forment une diphthongue. — Répétez. — Montrez des *oi* (tableau de lecture mécanique).

LETTRES MOBILES — EXERCICES DE COMPOSITION ET DE DÉCOMPOSITION.

M. *Écrivez :* **ien an ian on ion oin uin oi io iè ui iu ien oi oin mia nio voi oui toi tien roi foin pion chien juin join biè loui dia lui lion poin vio foi**

M. Décomposez ces syllabes et ces mots. — E. *ien*, ces trois lettres sont inséparables et se prononcent *ien*; — *voi*, c'est *v* et *oi*, cela fait *voi*; — *foin*, c'est *f* et *oin*, cela fait *foin*.

EXERCICE DE MÉMOIRE.

M. Comment écrivez-vous *ien?* — E. C'est d'abord *i*, puis *e*, et encore *n*; cela fait *ien*. — M. Comment écrivez-vous *an?* — E. C'est d'abord *a*, puis *n*; cela fait *an*. Etc., etc.

Se vend CHEZ FR. POSTH, LIBRAIRE
à *Birchwiller* (Bas-Rhin).

BISCHWILLER, IMPR. FR. POSTH.

Par TH. HATT,
Directeur de l'école supérieure de Munster (Haut-Rhin).

CITOLÉGIE RATIONNELLE.

20ᵉ TABLEAU.
LECTURE MÉCANIQUE.

Observation : *Voyez le Manuel du Maître.*

MOTS.

soin foin lien sien roi foi besoin rien tien loi avoine voile pointe
marsouin mien pointe toile bien moine étoile artésien aboi soif loin
italien chemin sonde poil bohémien mâtin gardien recoin chien fin
pointe galérien paroisse poisson soutien poire paroissien adjoindre
adoubé soutien aligne alloué satin pivoine épointé corbeille sardoine
sagou échoir échantillon rien gazon poignardé pivoine échappatoire
écharnoir orillon pagnon tillé écaille douille dignité mien souche
signala gardien pointal pavillon indien pignon secoué gordien écoinson
douzième cotillon lien défaillir pavillon joignante sillon valoir tortille
tailloir soigné paille soin toiture unisson taxe foin voussoir pointe
souligné pulvérin pourvoir rossignol bien foin rouille poisson pointu
méridien paillasson ouragan manchon moignon indignité galérien
famille foison lorgnon jointure paillon purgatoire pointe rocaille
ivoire pointillé pagne gagné journal lumignon pointe pagnon réjouir
pignoratif vouloir révulsion torchon rouloir sacoche résigné juratoire
suinté touaille outillé pignoché redingote postillon topaze résille gagné
marsouin lumignon ignorante corneille fusillade indigo médaillon ganté
pistache rabouillère revanche rognon tournesol turban zigzag signal
surveillante rien soin borgne virgule zéro soussigné souloir abeille
tortillon foin tiroir bien soir loin tien pointillé gardien besoin suif
souvenir juif voisin voilà surnoise tenaille souillure significatif moine
violon tanche toise vigne signal voilure bille jargon poison poisson
joaillère toison sillé tanche volaille vétille tortin taillade univalve
tortillère tousse velouté tournure ragote ruche touffe tescan tatou.

Se vend chez Fr. Posth, libraire
à Bischwiller (Bas-Rhin).

BISCHWILLER, IMPR. FR. POSTH.

Par Th. Hayt,
Directeur de l'école supérieure de Munster (Haut-Rhin).

CITOLÉGIE RATIONNELLE.

21ᵉ TABLEAU.
Consonnes doubles inséparables.

OBSERVATION : *Voyez le Manuel du Maître.*

M. *Nommez des mots qui commencent par*
Bla. Blan. Blé. Blo. Blon. Blou. Bra. Bran. Brè. Bri. Brin. Bro. Brou. Bru. Brun. — Cla. Clai. Cli. Clo. Cloi. Clou. Cra. Cré. Crè. Cre. Cri. Cro. Croi. Crou. Cru. — Dra. Drè Dro. Dru. — Fla. Flam. Flé. Flè. Fle. Flo. Flu. Fra. Frè. Fre. Fri. Fron. — Gla. Glan. Glou. Glu. Gra. Grè. Gre. Gri. Gro. Gru. — Pla. Pleu. Pli. Plom. Plau. Plu. Pra. Prai. Pré. Prè. Pri. Prin. Pro. Pru. Psau. — Sca. Sco. Scu. Spa. Spi. Splen. Sto. Stra. Stran. Stri. Stu. — Tra. Tré. Trè. Tren. Tri. Trom. Tro. Tron. Tru. — Vri.

Dites quelque chose sur chacun de ces mots :

E. Blague. Blâmer. Blanche. Blatte. Blé. Bloc. Blonde. Blouse. Branche. Brasse. Brave. Brèche. Bride. Brin. Broc. Broche. Brosse. Brou. Broussailles. Brugnon. Brûler. Brun. — Claie. Clair. Classe. Clavicule. Clef. Cligner. Cloche. Cloison. Cloporte. Clou. Crabe. Craie. Craintif. Crampe. Crâne. Crapaud. Cravache. Cravate. Crécelle. Crèche. Crème. Cresson. Crète. Cervasse. Cri. Crible. Crin. Cristal. Crochet. Crocodile. Croisée. Croix. Croup. Croûte. Cru. Cruche. Crucifix. — Dragée. Dragon. Drap. Drèche. Droguiste. Dromadaire. — Flacon. Flageolet. Flairer. Flambeau. Flanc. Flanelle. Flatter. Fléau. Flèche. Fleur. Fleuret. Fleuve. Flocon. Flûte. Frac. Fragile. Fraîche. Fraise. Français. Frein. Frelon. Frêne. Frère. Friandise. Fricassée. Fripier. Froid. Fromage. Front. Fruit. — Glace. Glaise. Glaive. Gland. Glaner. Glisser. Globe. Glousser. Glouton. Glu. Gradin. Grain. Graine. Graisse. Grammaire. Gramme. Grange. Grappe. Gratter. Grattoir. Graveur. Gravier. Grêle. Grelot. Grenier. Grenouille. Grès. Griffe. Gril. Grille. Grillon. Grimace. Grippe. Grive. Grogner. Gronder. Gros. Groseille. Grotte. Gruau. Gruyère. — Place. Placard. Plafond. Plaie. Plaisir. Planche. Plante. Plaque. Plat. Plateau. Plâtre. Plein. Pleurer. Pleuvoir. Pli. Pliant. Plomb. Plombagine. Pluie. Plume. Prairie. Praline. Pré. Préau. Prêle. Prélude. Premier. Prendre. Prénom. Préparer. Presbytère. Présent. Presse. Pressoir. Présure. Prêtre. Prier. Prière. Primevère. Prince. Printemps. Prison. Prix. Problème. Procès. Procession. Profession. Professeur. Profond. Promener. Promettre. Prophète. Propre. Proue. Prudent. Prune. Prunelle. Psaume. — Scabieuse. Scarabée. Scarlatine. Scolopendre. Scorie. Scorpion. Scorsonère. Sculpteur. Spahi. Sparadrap. Spatule. Spectre. Spirale. Stalle. Staphylin. Station. Statue. Stère. Stérile. Store. Strophe. Strangulation. Strophe. Stuc. Studieux. — Trace. Trachée. Trahir. Train. Traîneau. Trait. Tranche. Tranchet. Tranquille. Transi. Transparent. Transporter. Trappe. Travail. Traverse. Traversin. Trébuchet. Tréfilerie. Frêle. Treille. Treize. Tremble. Tremper. Trente. Trépied. Tresse. Treuil. Triangle. Tribunal. Tricot. Tringle. Trimestre. Trio. Triple. Triste. Trois. Trombone. Trompe. Trompette. Tronc. Trône. Trottoir. Trou. Troupeau. Trousseau. Trouver. Truelle. Truffe. Truite. Trumeau. — Vrai. Vrille.

M. *Lisez les syllabes suivantes :*

bla blâ blan blé bloc blon blou bra bran brè bri brin bro broc brou
bru brun cla clé cli clo cloi clô clou cra cran cré crè cre crè cri
cric crin cro croi crou cru dra drè dro droi drô dru fla flan flé flè
flo flû flu fra frag frac fran frin frè fre frè fri froi fro fron fru gla
glan gli glo glou glu gra gran grê gre grè gré gri gro gron gru pla
plan plâ plin pli plon plu prè pré prê pri prin pro prou pru sca scal
sco scor scul sculp spa spi splan spon sta stè sté sti stig sto stra
stran stri stro stuc stu tra tran tré trè tri tro troi tron trou tru vri

---

LETTRES MOBILES. — EXERCICES DE COMPOSITION ET DE DÉCOMPOSITION.

M. *Ecrivez :* bla blâ blan blé bloc blon blou bra bran brè, etc. (toute la série ci-dessus).

E. composant : *b, l* et *a*; c'est *bla.* — *b, l* et *an*, c'est *blan.* — *b, l* et *on*, c'est *blon.* — *b, l* et *ou*, c'est *blou*; etc., etc.

EXERCICE DE MÉMOIRE.

M. Comment écrivez-vous *bla?* — **E.** C'est *b, l* et *a*; ensemble *bla.* — *bran*, c'est *b, r* et *an*, ensemble *bran*; etc., etc.

Se vend chez Fr. Poste, libraire à Bischwiller (Bas-Rhin).　　　BISCHWILLER, IMPR. F. POSTE.　　　Par Th. Hatt, Directeur de l'école supérieure de Munster (Haut-Rhin).

CITOLÉGIE RATIONNELLE.

22ᵉ TABLEAU.
LECTURE MÉCANIQUE.

Observation : *Voyez le Manuel du Maître.*

abri abjuré abstenir acre âcreté acrotère acrostiche adjoindre affrété
affriché affronté aggloméré agricole agriculture agronome aligné
allègre ancre anglican angoisse antiputride antre approfondir approuvé
archevêché argousin article attributif attristé attroupé balèvre billon
biscotin bloc blondin blouse blutoir boisson borgne bouilloire bouillon
boulingrin branche branloire brassin brelan brème brésillé bricole
bridon brignole brillante brimborion brochure bronze brouille brun
brunir cadastre cagnarde caille câpre chanvre charmille chevron
chevrotin chèvre chiffre clan clérical clin clivé cloître clôture clou
cochenille cognac cogné conclusion confondre congre congru consigne
construire contribué contristé contrôle contumax cornouille cotignac
couvrir crachoir crèche crépuscule crêpe crétin croche croisade
croûton cruchon dartre décalitre découdre décroître découvrir degré
délivré démonstratif dépourvoir désapproprié détruire dissoudre
dragon drêche drisse droiture drôle éblouir écriture écrin écru écrou
égratigné éprouvé étrille flèche flétrir floral fluxion foin fracture
fricassé fripon fronde fructifié glande globe gluante glouton gradin
grêle griffade grille grillon grondé grognon groupe grume ignoble
inscrutable instructif introuvable intrépide liste livre lustre lutrin
méandre microscope mouvoir multiplié nutritif obligatoire obscurité
ongle oracle patron périclita planche plume pourpre préalable prison
proconsul psalmiste récréatif récriminé retrouvé retranche sbire scalde
scandale soufflé spatule spadassin spécule stalle stéatite statue stipule
stupide transplanté trèfle tribunal trognon vitre vrille.

Se vend chez Fr. Posth, libraire
à Birchwiller (Bas-Rhin).

BISCHWILLER, IMPR. FR. POSTH.

Par Th. Hatt,
Directeur de l'école supérieure de Munster (Haut-Rhin).

CITOLÉGIE RATIONNELLE.

23ᵉ TABLEAU.
Voyelles équivalentes.

OBSERVATION : *Voyez le Manuel du Maître.*

M. Voici une nouvelle lettre que vous ne connaissez pas encore : **y** ; on l'appelle *igrec* et elle se prononce comme *i*. — Répétez.

M. *Lisez les syllabes et les mots suivants :*

ya yo yu sy ty my chy hy yole yucca yèble yatagan hysope hyène hypoténuse hypocondre hydromètre hybride lycopode lyre myope myriade myriamètre myrte mystère type

---

M. Les voyelles inséparables *ai* et *ei* se prononcent *è*. — Répétez.

M. *Lisez les syllabes et les mots suivants :*

bai lai sei rei mai tei tai fai mei chai trai lai laide laité laiton plaire traire faire reine raide raisin raison rainure prairie peigne peigné peignoir oreille oseille orseille veille veine treille treize clair clairon éclair chair chaire chaîne laine pleine plaine

---

M. Les voyelles inséparables *eu* et *œu* se prononcent *e* (long). — Répétez.

M. *Lisez les syllabes et les mots suivants :*

feu œu reu vœu leu meu neu alleu œuvre ardeur aveu aveugle beurre bœuf breuvage creuse cœur peur sœur intérieur malheur babeurre brasseur chanteuse chasseur docteur étameur pleureur tanneur peureuse meute meule écumeuse graveur sonneur crieur

---

M. Les voyelles inséparables *au* et *eau* se prononcent *ó*. — Répétez.

M. *Lisez les syllabes et les mots suivants :*

au eau fau veau reau deau tau neau sau sauf saule saumon sauté sauterelle sautillé sureau rameau étau fourneau bouleau fardeau seau blaireau taupe taureau tourteau traîneau drapeau bateau caveau château coteau anneau agneau aubépine aubaine austère autruche

---

LETTRES MOBILES. — EXERCICES DE COMPOSITION ET DE DÉCOMPOSITION.

M. Ecrivez *lyre*. E. C'est *l, y, r* et *e*, cela fait *lyre*. — M. Ecrivez *myrte, type, mystère, hysope*. — Ecrivez *tyran*. E. C'est *t, y, r* et *an*, cela fait *tyran*. — M. Ecrivez *laide*. E. C'est *l, ai, d* et *e*, cela fait *laide*. — M. Ecrivez *laiton*. E. C'est *l, ai, t* et *on*, cela fait *laiton*. — M. Ecrivez *peigne*. E. C'est *p, ei, gn* et *e*, cela fait *peigne*. — M. Ecrivez *chaire, oreille, veine, reine, plaire*. — *feu sœur, cœur, veuf, peur, œuvre, vœu*. — *sauf bouleau, veau, saumon, tableau, agneau, fourneau.*

EXERCICE DE MÉMOIRE. — MÊME MATIÈRE.

M. Comment écrivez-vous *lyre, myrte, type*, etc. — E. C'est *l, y, r* et *e*, cela fait *lyre*, etc. etc.

Se vend CHEZ FR. POSTH, LIBRAIRE
à *Bischwiller* (Bas-Rhin).

BISCHWILLER, IMPR. FR. POSTH.

Par TH. HATT,
Directeur de l'école supérieure de Munster (Haut-Rhin).

CITOLÉGIE RATIONNELLE.

24ᵉ TABLEAU.
Voyelles équivalentes.

Observation : *Voyez le Manuel du Maître.*

M. Les groupes de lettres *ant, ent, am, em, en* sont inséparables et se prononcent *an.* — Répétez.
M. *Lisez les syllabes et les mots qui suivent.*

am an em en ant ent gant lampe lent ambulant ample ampoule anche
andouille ancre angle angora plan planté rendu fendre fendant avant
avalanche autan bande bambin blanche brandon grandeur brûlant
cadran emballé emboire embouchure glande empan emploi encavé
encan enchanté enclin enfant enfouir enfourné prendre densité denture
cantal chambre lentement enjoindre denture joliment froidement

---

M. Les groupes de lettres *aim, ain, im, ein, yn, ym, int, aint, eint* sont inséparables et se prononcent *in.* — Répétez.
M. *Lisez les syllabes et les mots qui suivent.*

aim ain ein im yn ym aint eint faim feint vint craint plainte sainte
vaincre main tint teinture maint train plein plaine syncope symptôme
syndic syntaxe survint soudain tain teindre peintre pain maintenant
fusain poulain étreinte étain sainfoin daim demain chagrin craindre
moindre groin ainsi lambin linteau complainte empreinte bain vilain
atteinte souverain refrain levain écrivain châtain grain prochain

---

M. Les groupes de lettres *om, ont* et *ond* sont inséparables et se prononcent *on.* — Répétez.
M. *Lisez les syllabes et les mots qui suivent.*

on om ont ond son font ton fond mon rond contraire comprendre
blonde arrondir bondir honteuse plafond profond sonde tombé rompre
tombeau corrompu fontaine plombé tombereau rondeau rondin sombre
ponton bonbon pompe pompen pompeusement lombric lombaire sont
jonché chausson paillasson aileron ombre ombreuse oncle onglé
torchon lampion champignon lumignon postillon pavillon

EXERCICES DE LANGAGE.
M. Faites une petite proposition sur chacun des mots connus que vous voyez sur ce tableau.

LETTRES MOBILES — EXERCICES DE COMPOSITION ET DE DÉCOMPOSITION.
M. Comment écrivez-vous *an?* E. (écrivant) *an, am, en, em, ent, ant.* — **M.** Comment écrivez-vous *in? on?* — Mêmes exercices faits de mémoire. — Composez et décomposez comme au tableau précédent, en ayant soin de ne pas séparer les lettres inséparables *ant aim ond,* etc.

Se vend chez Fr. Posth, libraire
à *Bischwiller* (Bas-Rhin).

BISCHWILLER, IMPR. F. POSTH.

Par Th. Hatt,
Directeur de l'école supérieure de Munster (Haut-Rhin).

CITOLÉGIE RATIONNELLE.

25ᵉ TABLEAU.
LECTURE MÉCANIQUE.

OBSERVATION : *Voyez le Manuel du Maître.*

lyre maire antre entré rond grondé sympathie tableau frein soin
bille chameau plaire mien groin joindre moindre poindre reine
reine-claude œuvre manœuvre ouvrage étrillé signal font croire lent
lentement plein craindre grimpeur ligne tampon tambour tante tente
lenteur syndic digne ombre ongle orateur oratoire feindre teindre
symbole orbiculaire introuvable ventillé vrai vraiment zèbre oraison
varaigne sarment zéro yole yatagan vaillant sueur oreille trumeau
trompillon tailleur tailloir syncope suspension orient instable vareuse
tumeur tourbeuse tambourineur venaison ventricule sœur cœur veille
veilleur veilleuse demeuré heurtoir tuteur tourillon surbaissé vaurien
vautour trompeur surcroître suivant veine veineuse vouloir style
vatican taupinière splendeur haine chaire troubadour tourbillon
tromblon taureau soutien vendeur vétille traîneau tournoi véhément
tenaillon maintien saurien gloire glorieuse sensible velouté tringle
soigneusement pourvoir poulain ventre troupeau trouvaille pointe
pointeur pointilleuse plombé trembleur scorpion scabieuse scolopendre
oindre œuf neuf veuf violente tendon scrupuleusement piment voir
oiseusement moussoir triton senteur pivoine onctuosité bœuf autre
autrement tourteau pimpant notoire sein grin mignon lointain mont
tremblant pleurnicheur mauvaise maintien emballé embrassé voiturin
treizième péroraison enchanteur introuvable maint trottoir poireau
faim éclaireur fond foin lambourde volcan transplante échaudoir tyran
tyranneau lambin traiteur traitement plausible éclosion sainfoin laiteron
volontaire tranchant poignardé grandeur laiteuse laideur grimpeur
glaise graveur grignon grille fraîchement franchement framboise
fragment ébranlé champignon chanvre ameublement

Se vend chez FR. POSTH, libraire
à *Bischwiller* (Bas-Rhin).

BISCHWILLER, IMPR. FR. POSTH.

Par TH. HATT,
Directeur de l'école supérieure de Munster (Haut-Rhin).

CITOLÉGIE RATIONNELLE.

26ᵉ TABLEAU.
Consonnes équivalentes.

OBSERVATION : *Voyez le Manuel du Maître.*

M. Les deux lettres *ph* sont inséparables et se prononcent *f*.
M. *Lisez les mots suivants :*

phaéton phalène phare pharisien phase phébus phénix phénomène philosophe phosphate phosphore phrase physionomie strophe lymphe colophane siphon épitaphe pyrophore séraphin sphère sphinx staphylin triomphateur amphore amphitryon amphigouri

M. La lettre *k* (ca) se prononce comme *c*.
   La lettre *q* (cu) se prononce aussi *c*. Ordinairement *q* est suivi de *u* qui alors ne se prononce pas.
M. *Lisez les mots suivants :*

kakatoès kali kamichi kan kanguroo kaolin kilo kilogramme kilolitre koran kyste coq quai que quarante qualité quantité quatre quenouille quête qui quiconque quille quintal quinze quitté quoi quotité manque tronqué supplique moqueur jonquille barque maquignon sandaraque baraque répliqué pique loque turque

M. Quand il y a sous le *c* le petit signe que voici ᒿ et qu'on appelle *cédille*, cette lettre se prononce *s*.
M. *Lisez les mots suivants :*

garçon rançon leçon maçon façon étançon lança plançon enlaça reçu tronçon suça plaçai j'avançai arçon rinçure menaçant

M. Quand la lettre *c* est suivie de *e é è é i*, elle se prononce *s*.
M. *Lisez les mots suivants :*

ce ceci cécité cédille cèdre ceinture célèbre cendre centaine centre cèpe ciboule cible ciboire cicatrice cidre cigogne cigare ciment force cinq cinquante ciseau citron atroce sauce place lancéolé chance rincé rinceau jacinthe accidenté acide agacé

M. Quand la lettre *g* est suivie de *e é è é i*, elle se prononce à peu près comme *j*.
M. *Lisez les mots suivants :*

linge régime géante gémir gêne général gelée gendarme genou génisse géographie géomètre girafe gîte givre girofle longe plongé mangea rangé songe litige gorge engin engeance engagement région gendre

EXERCICES D'INTELLIGENCE ET D'ORTHOGRAPHE.

M. Faites une proposition sur chacun des mots que vous connaissez.
M. Écrivez : *siphon, phénix, phare, phaéton ; — kaolin, kilo, kilomètre, quitté, manque, quinze coq ; — garçon, leçon, maçon ; — cidre, cigogne, cèdre, cendre ; — genou, givre, gorge, linge, etc.*

Se vend chez Fr. POSTH, LIBRAIRE
  à Bischwiller (Bas-Rhin).

BISCHWILLER, IMPR. FR. POSTH.

Par Th. HATT,
Directeur de l'école supérieure de Munster (Haut-Rhin).

CITOLÉGIE RATIONNELLE.

27ᵉ TABLEAU.
Lettres majuscules.

Observation : *Voyez le Manuel du Maître.*

M. Les lettres que vous connaissez maintenant, ont été appelées *lettres minuscules ;* mais il y en a encore autant qui ont une forme un peu différente et qu'on appelle *lettres majuscules.*

Voici les unes et les autres :

a	b	c	d	e	f	g	h	i	j	k	l	m
A	B	C	D	E	F	G	H	I	J	K	L	M

n	o	p	q	r	s	t	u	v	w	y	x	z
N	O	P	Q	R	S	T	U	V	W	Y	X	Z

M. *Lisez les noms suivants :*

Adèle Auguste Barbe Blaise Constant Caroline David Denise Emilie Eugène Frédéric Fanchon George Geneviève Hélène Henri Ide Isaac Jérome Julie Laure Lazare Marie Maurice Nanon Noé Odile Othon Paul Philippine Rosalie Rodolphe Sabine Silvain Tobie Thérèse Ulrique Urbain Victor Véronique

MAIN SORTIR CROIRE VENIR RENDU FEUILLE BEAU MALICE CHAMEAU LIGNE DANSE HAMAC COUSIN PLUME GLANDE LUXE XYLON JOLI ZÉRO MOUTON

Lettres finales muettes.

M. Les consonnes *c, f, l, r* sont à peu près les seules qui se prononcent à la fin des mots ; les autres sont généralement muettes.

M. *Lisez les mots suivants :*

froid chant sac tas veuf bout blond vieux faux loup dur sourds plats cuirs jamais bourg faubourg bal gland sont placard canards temps toujours Français François souris serpent gens volant métal chevaux long coup riz chantons hardiment hauteur Louis Denis sabot creux neuf Espagnol frac étroits gants fruit doux lac profond arbres hauts crapaud hideux noir drap épais œuf gros beaux raisins ornements précieux neuf veaux six marteaux plusieurs chants leurs longs cheveux trois sacs lavés dix garçons obéissants cent grosses noix vos gentils doigts plusieurs petites filles.

M. Faites des propositions sur les mots que vous connaissez.

Se vend chez Fr. Posth, libraire à Bischwiller (Bas-Rhin).　　　BISCHWILLER, IMPR. F. POSTH.　　　Par Th. Hatt, Directeur de l'école supérieure de Munster (Haut-Rhin).

CITOLÉGIE RATIONNELLE.

28ᵉ TABLEAU.
Cas particuliers.

OBSERVATION : *Voyez le Manuel du Maître.*

M. Les finales *et ets* se prononcent *è.*
Lisez les mots suivants :

bouquet bosquets beignet remets discret regrets replet sommets filet roucts valet volets poulet roitelets secret tonnelets rivet ricochets tranchet sobriquets tabouret sujets navet

M. Les finales *er ers ez* se prononcent *é.*
Lisez les mots suivants :

boulanger parler sentiers sautez planchers liez chantiers plongez prier souligner souliers escalier charpentiers saluez meunier paniers acier laisser montrer jardiniers souffler venez placiez songiez casser larmier

M. Au commencement et au milieu d'un mot *er es* se prononcent *èr ès.* — La syllabe *ex* se prononce *èx.* — L'e muet devant une double consonne se prononce aussi *è.*

ergot verdure perdre sermon sergent servir serpent esprit escargot espalier espace espion escorte escalier expirer exposer exploit externe extraire extrême explication erreur effroi nette serpette cessé session planchette serre errer tienne antenne terre penne renne pelle verdier oubliez penser bluets crochet robinet saladier greffier prunellier chandelle chandelier

M. Le petit mot *est* se prononce *è.* — Les petits mots *les, mes, tes, des, ses, ces* se prononcent : *lé, mé, té, dé, sé, cé.*
Lisez les propositions suivantes :

Le bon Dieu aime les enfants sages. Mes bons parents vont aux champs. Le ciel est bleu. Mon oncle est malade. Les fraises sont de bons fruits. Les souliers sont faits de cuir. Tes bas sont tricotés. Ma petite sœur pleure; ses lapins sont morts. La table est faite de bois. Les oiseaux sont utiles. Le papier est fait de chiffons. Les enfants pieux font chaque jour leurs prières. Les espaliers ne sont pas aussi hauts que les autres arbres. Le rosier porte des épines. Avant d'aller à l'école, il faut se laver proprement. Le maître aime l'enfant qui apprend bien ses leçons. Les petites filles ont des tabliers. Marie coud une chemise pour une pauvre journalière. Jean a donné son goûter à un petit garçon qui avait faim.

Se vend CHEZ FR. POSTH, LIBRAIRE à Bischwiller (Bas-Rhin). BISCHWILLER, IMPR. FR. POSTH. Par TH. HATT, Directeur de l'école supérieure de Munster (Haut-Rhin).

CITOLÉGIE RATIONNELLE.

29e TABLEAU.
LECTURE COURANTE.

Observation : *Voyez le Manuel du Maître.*

M. La syllabe *ent* à la fin des mots est souvent muette. — Lisez les propositions suivantes :

Les bergers gardent les troupeaux. - Nos parents nous aiment bien. Les enfants viennent à l'école pour apprendre. - Les enfants bien élevés saluent tout le monde. - Quand on vous donne quelque chose, il faut dire : merci, monsieur; merci, madame; merci, mademoiselle; merci, papa; merci, maman. - Les abeilles nous donnent du miel et de la cire. - Le pain est fait de farine, d'eau, de levain et de sel. Chaque dimanche on va à l'église pour y prier et chanter. On va aussi à l'église les jours de fête. - Les méchants enfants ne prennent pas soin de leurs habits. - Pour écrire, il faut une plume, du papier et de l'encre. On peut aussi écrire en se servant d'un crayon. Les petits écoliers écrivent sur l'ardoise avec un crayon d'ardoise. Le maître écrit au tableau noir avec de la craie. - Un cahier bien écrit et bien propre est très-joli. Un livre sale ou déchiré est dégoûtant. - Le bon Dieu est là-haut dans le ciel; mais il voit tout et il entend tout. Il voit les enfants sages et les rend heureux. Il voit aussi les méchants et les punit. - Il faut toujours dire la vérité. Le mensonge est un grand péché. Ceux qui commettent des péchés, se rendent malheureux. - Les oiseaux mangent les chenilles, les hannetons, les sauterelles, les mouches, les cousins; ils chantent très-bien, ils construisent de jolis nids, ils pondent des œufs, de ces œufs sortent des petits. Le bon Dieu punit les méchants enfants qui dénichent les oiseaux. - Le chien garde la maison, il aboie quand il voit un étranger. Le chat tue les souris et les rats. La vache nous donne du lait délicieux. De ce lait on tire la crème, le fromage et le beurre. - Les moutons nous fournissent de la laine dont on fait du drap et toutes sortes d'étoffes.

Se vend chez Fr. Posth, libraire
à Buchswiller (Bas-Rhin).

BISCHWILLER, IMPR. FR. POSTH.

Par Th. Hatt,
Directeur de l'école supérieure de Munster (Haut-Rhin).

CITOLÉGIE RATIONNELLE.

30ᵉ ET DERNIER TABLEAU.
LECTURE COURANTE.

OBSERVATION : *Voyez le Manuel du Maître.*

Le tailleur fait des pantalons, des gilets, des vestes, des redingotes, des guêtres. Le boucher vend toutes sortes de viandes, du bœuf, du veau, du mouton, du porc. - Le jardinier cultive des légumes, des fleurs, des fruits. J'aime les fraises, les cerises, les pêches, les mirabelles, les pommes, les poires, les noix et les noisettes. - La vigne produit les raisins dont on fait le vin. - La rose, la violette, le réséda, l'œillet et d'autres fleurs encore répandent une odeur délicieuse. Le dahlia, la pâquerette, le bluet, la renoncule, le coquelicot, le tournesol, la pensée n'ont point d'odeur. Les fleurs des champs, des prairies et des forêts viennent toutes seules; c'est le bon Dieu qui les fait croître. Les arbres portent aussi des fleurs et ces fleurs se changent en fruits. - Dans la forêt croissent beaucoup d'arbres; on y voit des chênes, des pins, des bouleaux, des sapins, des hêtres, des trembles, des ormes, des tilleuls, des frênes et une foule de brousailles. - Les poissons, les écrevisses et les grenouilles vivent dans l'eau. Les poissons n'ont pas de pieds mais des nageoires. Les écrevisses ont beaucoup de pattes et ces pattes sont garnies de pinces. Les grenouilles ont les pattes de derrière très-longues; elles ne marchent pas, elles sautent. On prend les poissons à la ligne ou dans des filets. Le chasseur tire des lièvres, des perdrix, des cailles, des renards, des sangliers, des loups, des canards sauvages et encore d'autres animaux. Quand il va à la chasse, il est accompagné d'un chien qui lui fait trouver le gibier. Les chiens de chasse ont le nez très-fin, ils sentent le gibier de loin. - Le cultivateur est un homme très-utile; il travaille beaucoup et c'est lui qui nous fournit le blé, les pommes de terre, le chanvre, le lin, le colza, le pavot, les navets, les carottes, les betteraves et une foule de choses encore. Les instruments de labour sont : la charrue, la herse, le semoir, le rouleau, la houe, la bêche, la pioche, la fourche, la pelle, le râteau, la faux, la faucille, la serpe et la serpette.

Nous avons lu tous les tableaux, maintenant nous lirons dans les livres. Quel plaisir de lire dans un livre! On y apprend une foule de choses utiles et agréables.

Se vend CHEZ FR. POSTH, LIBRAIRE à *Bischwiller* (Bas-Rhin).

BISCHWILLER, IMPR. FR. POSTH.

Par TH. HATT, *Directeur de l'école supérieure de Munster* (Haut-Rhin).

OUVRAGES DE M. TH. HATT.

CITOLÉGIE RATIONNELLE.

Elle se compose de :

54 Tableaux grand format	4ᶠ 75
Lettres mobiles (collection de 180 lettres sur deux feuilles grand raisin)	0 40
Manuel du Maître, format in-8° jésus. (Les tableaux du manuel sont la reproduction exacte des tableaux proprement dits avec explication, devant servir aussi de guide aux mères de famille).	1 75
Prix de la méthode complète	6 90

(Pour recevoir l'ouvrage complet *franco*, envoyer un mandat de poste de 8 francs à l'éditeur.)

De la meilleure manière de faire une classe, sous le double point de vue de l'instruction et de l'éducation. (Couronné par la société d'éducation de Lyon.)

Petit cours de grammaire française; 5ᵉ édition.
 Manuel du Maître.
 Manuel de l'élève.

Petit cours d'exercices de langage et d'intelligence, basé sur les procédés intuitifs.

L'École populaire telle qu'elle devrait être.

En préparation :

Premier livre de Lecture, faisant suite aux tableaux.

L'art d'élever et d'instruire, études de pédagogie appliquée résumant les doctrines des meilleurs pédagogues français et allemands.

BISCHWILLER, IMPRIMERIE DE FR. POSTH.

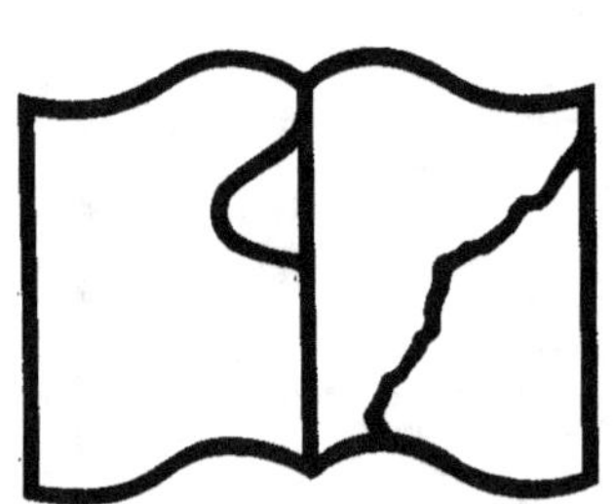

Texte détérioré — reliure défectueuse
NF Z 43-120-11

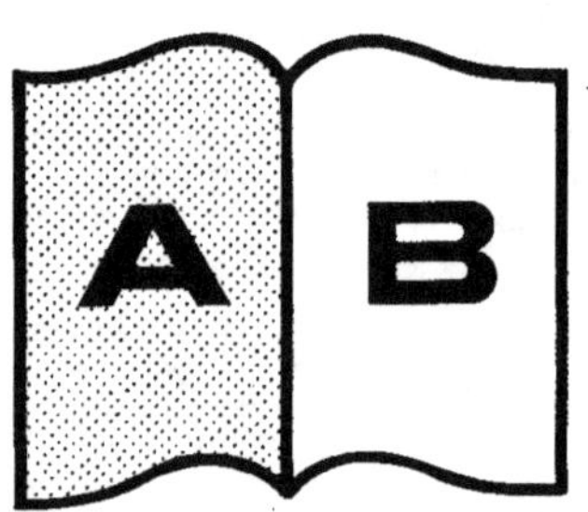

Contraste insuffisant
NF Z 43-120-14

www.ingramcontent.com/pod-product-compliance
Lightning Source LLC
LaVergne TN
LVHW010337030726
842520LV00004B/1510